教育部人文社会科学重点研究基地
华东师范大学中国现代城市研究中心　　主办

中国城市研究（第十辑）

曾　刚　主编

科学出版社

北　京

图书在版编目(CIP)数据

中国城市研究. 第十辑 / 曾刚主编. —北京：科学出版社， 2018.12
ISBN 978-7-03-060290-9

Ⅰ. ①中⋯　Ⅱ. ①曾⋯　Ⅲ. ①城市经济–研究–中国　Ⅳ. ①F299.2

中国版本图书馆 CIP 数据核字（2018）第296984号

责任编辑：杨婵娟　李嘉佳 / 责任校对：韩　杨
责任印制：张欣秀 / 封面设计：黄华斌
编辑部电话：010-64035853
E-mail：houjunlin@mail. sciencep.com

科学出版社 出版
北京东黄城根北街 16 号
邮政编码：100717
http://www.sciencep.com
北京建宏印刷有限公司　印刷
科学出版社发行　各地新华书店经销
*
2018 年 12 月第　一　版　开本：720×1000　1/16
2018 年 12 月第一次印刷　印张：7 3/4
字数：139 000
定价：68.00元
（如有印装质量问题，我社负责调换）

《中国城市研究》编辑委员会

前　言

　　近现代世界的发展，是与城市化同步前行的。据统计，1900 年全球城市人口只占全球人口总数的 13.3%，1950 年占比达到 28.9%，21 世纪初则接近 50%。2030 年全球城市人口将达 50 亿人，届时全球 60% 的人口将居住在城市。21 世纪，95% 的城市扩张将发生在发展中国家，中国作为最大的发展中国家，城市化是其实现中国梦的必由之路。1951～2011 年，中国的城市化率从 10% 提升到 50% 以上，走完了欧洲 150 年、拉丁美洲 210 年的路，并且于 2014 年形成了 6 个 1000 万人口以上的特大城市和 142 个 100 万人口以上的大城市 [①]，到 2030 年预计还将继续实现近 3 亿人口的城市化。如何在保持城市化水平提升的同时，更好地解决随之而来的各种城市发展问题，进而探索出一条转型发展的创新之路，已经成为城市研究工作者必须回答的问题。

　　为了应对城市研究的复杂问题，华东师范大学整合校内地理、经济、社会、历史、城市规划等相关城市研究资源，于 2003 年成立了中国现代城市研究中心（简称研究中心），研究中心 2004 年 11 月被教育部批准为普通高等学校人文社会科学重点研究基地，2016 年入选“中国智库索引”（Chinese Think Tank Index，CTTI）来源智库。研究中心成立十余年来，为城市学科的发展做出了积极的贡献。研究中心科研人员承接了数十项国家级和省部级研究项目，编纂出版了《中国城市研究》辑刊，主办了系列重要国际学术会议，在国内外产生了广泛的影响。

　　本辑《中国城市研究》从征集的论文中选取了 8 篇，内容涉及人口、住房、城市协同发展、产业集群与创新等，从不同的角度探讨了国内外城市化进程中所面临的市民融入问题及城市经济与产业集群创新的问题。以下就其要点，予以简要评述。

　　城市化是社会经济发展到一定程度才出现的，真正的城市化，开始于工业革命，发展于第三产业，因此如果将城市作为具体的研究单位，那么城市产业创新

---

① 中国百万人口以上城市达 142 个　6 个城市人口超千万. http://politics.people.com.cn/n/2014/0319/c70731-24677432.html [2018-09-19].

与经济带的协同发展也是城市化研究的一项重要课题。曹贤忠和曾刚的论文以上海为例，探讨了城市如何营造创新环境，以推动高新技术产业的发展；王丰龙的论文立足于长江经济带，重点辨析了经济带与协同发展的定义，并提出了衡量经济带协同发展水平的概念框架；朱贻文等的论文重点分析了"展会"这一"临时性产业集群"，对于所在城市本身的重要作用。

城市化的最终目的，在于使各种类型的农业转移人口能够更好地融入城市生活之中。罗峰和宋艳姣、易臻真和罗峰、李俊峰等的论文，则从社会角色、社会认同及社交网络等分析视角，重点讨论了三类不同的农业转移人口——新生代农民工、"凤凰男"、女性失地农民——的城市融入路径问题；石庆玲和郭峰的论文则聚焦高房价背景下农业转移人口城市融入的关键问题——住房租赁，提出了培育和发展住房租赁市场的若干政策建议；林韬和金刚的论文基于乌鲁木齐大城市、小农村的现状，提出了在城市化动力不足、未来人口增长大幅减缓的新常态下的合理的城镇化发展道路。

过去 40 年，中国最突出的社会现象之一就是城市化。中国城市化的顺利健康发展不仅仅是实现中华民族伟大复兴的重要助力，也是体现中国国际地位、履行大国责任的重要途径。研究中心将继续致力于城市问题的探索，为提升中国城市研究水平、打造中国城市学派贡献自己的力量。同时，本辑《中国城市研究》的顺利出版离不开华东师范大学城市发展研究院编辑部门与科学出版社的通力合作，以及广大城市研究学者的不吝赐稿，在此一并致谢。

中国现代城市研究中心主任　曾刚

2018 年 9 月 19 日于丽娃河畔

目　　录

上海高新技术产业创新环境评价研究

曹贤忠　曾　刚

摘　要　良好的区域创新环境对企业创新具有显著的推动作用，这在学界已达成共识。本文从基础设施、政策支持、研发环境、市场环境、国际化程度五个维度构建了高新技术产业创新环境评价指标体系，运用因子分析法分析得出对外开放、政策支持、市场活力和研发环境四个主成分因子对上海高新技术产业创新环境影响较大。研究发现：①不论是产值规模，还是创新水平，上海高新技术产业发展水平均处于全国前列，但与江苏、广东比较，上海高新技术产业发展仍存在一定差距；②2015年上海高新技术产业创新环境综合排名全国第一，从其他主成分因子可看出，上海高新技术产业对外开放因子排名全国第三，政策支持因子排名全国第二，市场活力因子排名全国第二，研发环境因子排名全国第一。从更好地服务于上海全球科技创新中心建设目标来看，还应从对外开放、政策支持、市场活力等方面加强上海高新技术产业创新环境建设。

关键词　创新环境；创新能力；区域创新；高新技术产业

　　随着信息技术的发展，人类社会进入知识经济占主导的时代，由于高新技术产业较为依赖技术扩散，高新技术产业的创新发展成为区域创新和区域经济发展的重要因素[1]。与传统产业类似，高新技术产业的发展也离不开土地、劳动、资本、技术、管理等生产要素的综合作用，在各种要素中，知识型人才是高新技术产业发展的关键，也是高新技术产业的基本特点[2]。高新技术产业的发展需要良好的区域环境，从我国高新技术产业发展实践可看出，高新技术产业发展需要较为充裕的资金和高素质、高技能、研究开发能力较强的人才，同时离不

作者简介：曹贤忠（1987—），男，华东师范大学中国现代城市研究中心／城市发展研究院，博士、助理研究员，研究方向为区域创新与产业发展。曾刚（1961—），男，华东师范大学中国现代城市研究中心／城市发展研究院，博士、博士生导师、教授，研究方向为产业集群、区域发展模式与创新地理。

基金项目：国家自然科学基金青年科学基金项目（41801109）；上海市哲学社会科学规划基金青年项目（2017EJL002）；教育部人文社会科学研究青年项目（18YJC790004）。

开传统制造业的支撑和具有一线操作技术的熟练技术工人及高级管理人才的有效配合，并不是任何区域都可以大规模发展高新技术产业，往往一些科研机构和大学等较为集中的大中城市才具备高新技术产业的发展条件[3]。发达国家的高技术产业多数在大公司的研究与开发部门、大学和公共研究机构密集的地区发展，不仅是由于这些地区拥有大量高素质的人才资源，富含大量的创新知识源，而且是由于产学研之间有频繁的信息和知识交流与互动，具有很强的知识溢出效应[4]。而我国高新技术产业仅处于世界平均水平的下游阶段，主要加工生产外部设备和进行整机组装等，核心技术和关键部件的研究开发几乎都掌握在发达国家手里，信息技术领域里的"数字鸿沟"日益扩大，提高我国高新技术产业竞争力从而提高整个国家的竞争力迫在眉睫[5]。我国高新技术产业迫切需要通过创新来实现区域的可持续发展，从全球化和信息技术革命背景上研究高新技术产业的集聚、创新网络的形成和发展，对研究未来我国高新技术产业的发展战略和区域布局决策具有重要作用，这也是区域经济学者义不容辞的责任。

2014 年 5 月，国家主席习近平同志在上海视察工作时提出，上海要在推进科技创新、实施创新驱动发展战略方面走在全国前头、走到世界前列，加快向具有全球影响力的科技创新中心进军。2015 年 5 月，《中共上海市委 上海市人民政府关于加快建设具有全球影响力的科技创新中心的意见》中指出，"要努力把上海建设成为世界创新人才、科技要素和高新科技企业集聚度高，创新创造创意成果多，科技创新基础设施和服务体系完善的综合性开放型科技创新中心，成为全球创新网络的重要枢纽和国际性重大科学发展、原创技术和高新技术产业的重要策源地之一，跻身全球重要的创新城市行列"。2016 年 4 月，国务院印发了《上海系统推进全面创新改革试验加快建设具有全球影响力的科技创新中心方案》，围绕建设具有全球影响力的科技创新中心总体目标定位，部署建设上海张江综合性国家科学中心、建设关键共性技术研发和转化平台、实施引领产业发展的重大战略项目和基础工程、推进建设张江国家自主创新示范区四方面重点任务。本文基于上述背景，对高新技术产业内涵进行界定，并从全球、全国、全市三个层次分析高新技术产业发展现状，对上海高新技术产业创新环境进行综合评价，比较分析上海与全国其他省（自治区、直辖市）高新技术产业创新环境的差异。

1 高新技术产业界定

美国 1971 年出版的《技术和国际贸易》一书中首次提到高技术（high technology），1983 年出版的《韦氏第三版新国际辞典增补 9000 词》中首次收录了该词，并将该词定义为"使用或包含尖端方法或仪器用途的技术"[6]。之后，高技术一词广泛应用于世界各国，各国经济学者从不同角度对高技术产业进行了界定。

美国学者纳尔逊（Nalson）认为高技术产业是指投入大量研究与开发资金且以技术进步为标志的产业[7]。法国的高技术产业是指具备新产品开发、高级技术人才和广阔市场的知识密集型产业；英国的高技术产业包含新信息技术、生物技术和其他科技前沿的产业群体；日本的高技术产业是指以当代尖端科技和未来科学技术为基础建立起来的技术产业群；澳大利亚的高技术产业是指新产品开发过程中投入大量资金、研发人员且具有科学或技术背景企业的产业[6]。在我国，高技术与高新技术常常交织在一起使用，区别在于"新"，实际上高新技术产业是中国特有的一种说法，国际上通常采用高技术产业的概念[8]。北京大学王缉慈教授指出高新技术产业是以技术创新为驱动力，并占据价值链附加值比较高的技术创新这一环节的产业总称，如信息产业、新能源与新材料产业、生物工程产业等[9]。暨南大学覃成林教授认为高新技术产业是与知识、技术、资金、信息紧密联系的产业[10]。华东师范大学曾刚教授指出高新技术研究开发与应用具有投资大、风险高、市场竞争力强、附加价值高、投资回报率高的特点[11]。

从高新技术产业现实发展来看，目前国际上尚无统一的高新技术产业界定标准，在学界应用较为广泛的标准有美国商务部制定的标准（1988 年制定）和经济合作与发展组织（Organisation for Economic Co-operation and Development，OECD）制定的标准（1994 年，OECD 在对其 10 个成员国 22 个产业部门的研究开发经费进行研究时制定，2001 年按照新的国际标准产业分类重新界定）。其中美国商务部标准中包括四项主要指标：研究与开发（R&D）支出占销售额的比重、科学家工程师和技术工人占全部职工的比重、产品的主导技术必须属于所确定的高技术领域、产品的主导技术必须包括高技术领域中处于技术前沿的工艺或技术突破；OECD 主要将 R&D 支出占销售额的比重作为界定高技术产业的标准，比重在 3% 以上的为高技术产业，在 1%～2% 的为中技术产业，小于 1% 的为低技术产业。我国科学技术部 2016 年 2 月 4 日发布的《高新技术企业认定管理办法》（国科发火〔2016〕32 号）中指出，高新技术企业是指在《国家重点支持的高新技术领域》内，持续进行研究开发与技术成果转化，形成企业核心自主知识产权，并以此为基础开展经营活动，在中国境内（不包括港、澳、台地区）注册的居民企业。具体包括电子与信息技术、生物工程和新医药技术、新材料及应用技术、先进制造技术、航空航天技术、现代农业技术、新能源与高效节能技术、环境保护新技术、海洋工程技术、核应用技术、其他在传统产业改造中应用的新工艺、新技术等。

在科学技术部界定的高新技术产业范围内，依据上海市科学技术委员会认定的高技术企业办法。本文认为高新技术产业是指主要从事技术开发、技术转让、技术咨询、技术服务、技术检测，或高新技术产品（服务）的研发、生产、经营等科技与创新活动，R&D 投入强度（R&D 支出占销售额的比重）不低于 5% 的制造业。

2　上海高新技术产业发展概况

为了便于上海与其他地区的比较，同时考虑到统计口径的统一性，笔者根据国家统计局发布的《高技术产业（制造业）分类（2017）》与《国民经济行业分类》（GB/T 4754—2017），统计占高新技术产业较大比重的制造业部分，具体包括：医药制造，航空、航天器及设备制造，电子及通信设备制造，计算机及办公设备制造，医疗仪器设备及仪器仪表制造，信息化学品制造六大类，数据主要来自《中国高技术产业统计年鉴 2015》《上海统计年鉴 2015》，以及世界银行发布的《世界发展指标 2015》（*World Development Indicators* 2015）。

2.1　中国高新技术产业在全球地位

中国高新技术产业发展全球第一。从高新技术产业出口总额来看，2013 年，中国高新技术产业出口总额从 2002 年的 692.26 亿美元增长为 2013 年的 5600.58 亿美元，占全球出口总额的比重也从 7.61% 提升到 32.47%，出口总额年均增长 20.93%。从 2005 年开始，中国高新技术产业出口总额超过美国，在全球的地位日益重要，至 2013 年出口总额一直位列全球第一（图 1）。

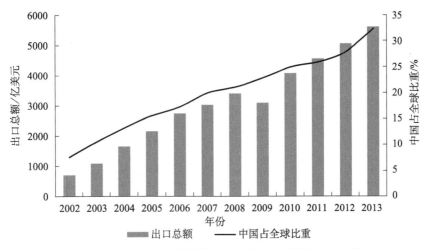

图 1　2002～2013 年中国高新技术产业出口总额及占全球比重

从全球其他国家或地区的高新技术产业出口总额及比重分布来看，2013 年中国（5600.58 亿美元）、德国（1930.88 亿美元）、美国（1478.33 亿美元）、新加坡（1356.02 亿美元）、日本（1130.00 亿美元）高新技术产业出口总额位列全球前五名，分别占全球高新技术产业出口总额的比重为 32.47%、11.19%、8.57%、7.86%、6.55%，这五个国家控制了全球 66.64% 的高新技术产业出口额。值得一提的是，中国相较于全球第二的德国而言，出口总额约为其 3 倍，在全球的地位可见一斑。

2.2　上海高新技术产业在全国地位

上海高新技术产业主营业务收入位列全国前三。从上海高新技术产业主营业务收入指标来看，2014 年，上海高新技术产业主营业务收入为 7059 亿元，上海高新技术产业取得的成绩显著，但占全国比重仅为 5.54%，与江苏、广东所在的第一、第二阵营相比差距逐年加大（图 2）。

从国内其他省（自治区、直辖市）的高新技术产业主营业务收入及占全国比重的空间分布来看，2013 年位列全国前三的广东、江苏、上海高新技术产业主营业务收入分别为 27 871 亿元、24 854 亿元、6823 亿元，分别占全国比重为 24.02%、21.42%、5.88%，上海与江苏和广东的差距较为明显，仍有较大提升空间。

究其原因，主要在于上海高新技术产业 R&D 经费和人员投入强度不高，且增长速度慢。上海高新技术产业 R&D 经费投入在东部 8 省（直辖市）的份额从 2000 年的 15.02% 降为 2005 年的 11.54%，从 2004 年起，上海高新技术产业 R&D 经费和人员投入强度一直低于全国和东部 8 省（直辖市）的平均水平。这

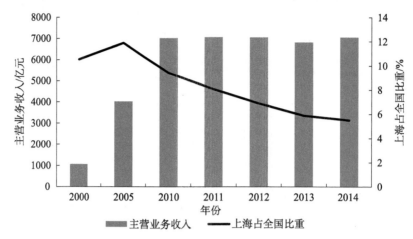

图 2   2000～2014 年上海高新技术产业主营业务收入及占全国比重

是造成上海高新技术产业从 2005 年开始占全国比重下降的主要原因，上海社会科学院的研究成果也充分证实了这一原因[12]；另外，产出效率和经营效率较低也严重制约了上海高新技术产业的发展[13]。因此，上海高新技术产业发展面临着巨大的压力，通过技术创新、创新结网等方式可破解这一发展难题，进行上海高新技术产业创新相关研究显得尤为必要。

2.3   上海高新技术产业发展空间差异

从上海内部各区来看，2014 年中心城区高新技术产业主营业务收入为 689 亿元，占上海比重为 8.49%，郊区则贡献了 91.51% 的高新技术产业主营业务收入。其中，浦东新区高新技术产业主营业务收入为 2600 亿元，占上海比重为 32.05%，在全上海排名第一；第二是闵行区，其高新技术主营业务收入为 1245 亿元，占上海比重为 15.34%；崇明区仅为 219 亿元，占上海比重为 2.71%。因此，浦东新区和闵行区是上海高新技术产业的重要集聚区域，主营业务收入占据上海的半壁江山。

3   上海高新技术产业创新环境评价

3.1   评价指标体系构建

欧洲创新环境研究小组（European Research Group on Innovative Milieux）1985

年首次提出了区域创新环境的概念，他们指出，创新环境是行为主体在有限的区域内，通过相互之间的协同作用和集体学习过程所建立的非正式复杂社会关系，这种关系有助于提高本区域的创新能力。区域创新环境包括应用于创新及其相关活动的科研设施、创新基地、人才储备、信息网络和数据库等硬环境，以及法律法规、政府激励政策、管理体制、市场与服务等创新活动所必需的软环境[9]。本文以区域创新系统和全球创新网络理论为基础，根据政府、高校、科研机构、企业、中介服务机构等创新主体在创新网络中的地位和作用不同，参考国内外学者的通行做法，从基础设施、政策支持、研发环境（科技人才、研发资金、技术创新）、市场环境、国际化程度五个方面对上海高新技术产业的创新环境开展评价，指标体系构建见表1。

表1　上海高新技术产业创新环境评价指标体系

目标层	准则层	指标层	具体指标	变量标识
上海高新技术产业创新环境评价	基础设施	交通/通信设施	货运量	X_1
			客运量	X_2
			百人拥有移动电话用户数	X_3
			百人拥有互联网用户数	X_4
		科研与技术服务设施	高等学校数	X_5
			研发机构数①	X_6
			高新技术企业数	X_7
	政策支持	政府教育支持	教育支出占一般公共预算支出比重	X_8
			政府资助高校研发课题数	X_9
		政府科技支持	科技支出占一般公共预算支出比重	X_{10}
			国家产业化计划项目数	X_{11}
	研发环境	科技人才	R&D人员数占劳动力人数比重	X_{12}
			本科以上学历人口占年末总人口比重	X_{13}
		研发资金	R&D经费内部支出占GDP比重	X_{14}
			专利申请数	X_{15}
		技术创新	科技论文数	X_{16}
			R&D项目数	X_{17}
			高新技术产品产值占GDP比重	X_{18}
	市场环境	经济环境	人均GDP	X_{19}
			人均全社会固定资产投资	X_{20}
		市场联动	人均技术市场交易额	X_{21}
			技术合同成交率②	X_{22}
	国际化程度	对外开放度	人均实际利用外资额	X_{23}
			人均国外直接投资额	X_{24}
			进出口总额占GDP比重	X_{25}
		国际技术交流	高新技术产品进出口额占GDP比重	X_{26}

注：GDP（gross domestic product，国内生产总值）
①研发机构包括中国科学院各研究所、高等学校研究机构、国家级重点实验室、重点企业研发机构等；②技术合同成交率指的是技术合同成交数与年末从业人员数之间的比值

3.2 数据采集及处理

3.2.1 数据采集

本文创新环境评价指标采用的全国各省（自治区、直辖市）数据分别来自《中国统计年鉴 2016》和《中国科技统计年鉴 2016》，上海市各区数据来自《上海统计年鉴 2016》，部分数据来源于 2016 年各区统计年鉴。有些指标（如货运量、客运量、国家产业化项目数等）可从统计年鉴中直接获取，有些指标（如教育支出占一般公共预算支出比重、人均技术市场交易额、进出口总额占 GDP 比重、高新技术产品进出口额占 GDP 比重等）从统计年鉴中获取相关数据后，对其进行测算而得。

3.2.2 数据标准化

经过粗选数据后，对数据进行了标准化处理，标准化后的数据介于 0～1，处理方法为极差法，具体操作如下。

正向指标：

$$W_n = \frac{X_n - X_{\min}}{X_{\max} - X_{\min}}$$

逆向指标：

$$W_n = \frac{X_{\max} - X_n}{X_{\max} - X_{\min}}$$

适度指标：

$$W_n = \frac{X_n - X_{适}}{X_{\max} - X_{\min}}$$

式中，W_n 为标准化后的标准值；X_n 为原始指标值；$X_{\max}$、$X_{\min}$ 分别为样本期内最大值、最小值；$X_{适}$ 为适度指标值，本文采取的是求出每项指标在样本期内的平均值来表示。通过 SPSS 19.0 软件对标准化后的数据进行信度和效度检验，最常用方法是 Cronbach α 值法，一般认为，信度系数需满足不小于 0.70 的要求，其数值越大，表明测量的可信程度越大；效度检验是通过内容效度的检验，即在运用主成分分析的过程中，分别检验所选题项是否能代表所要测量的内容。当 KMO 值 ≥ 0.5，Bartlett 球形检验卡方统计值 ≤ α，各题项的载荷系数均大于 0.50 时，方可进行因子分析。基于上述要求，整理并录入标准化的数据后，运用 SPSS 19.0 软件进行初步的统计分析和检验，KMO 值为 0.645，Bartlett 球形检验卡方统计值的显著性水平为 0.000，Cronbach α 值为 0.954。这表明数据整体趋于稳定，且具有较高的信度和效度，适合用于上海高新技术产业创新环境评价分析。

3.2.3 数据处理

通过对表 1 确定的 26 个指标进行分析，从 26 个指标之间的相关系数矩阵可看出，许多指标之间具有较高的相关性，即可能存在多重共线性问题或近似多重共线性问题，因此，为了消除指标的共线性影响，本文采用主成分分析法确定几个主成分指标来评价上海市高新技术产业创新环境。通过 SPSS 19.0 软件因子分析模块，选取了初始特征值大于 1 的 4 个主成分因子（F_1、F_2、F_3、F_4），累计贡献率为 83.65%，足以衡量上海高新技术产业的创新环境水平。F_1 因子中，人均实际利用外资额（0.840）、人均国外直接投资额（0.795）、进出口总额占 GDP 比重（0.879）、高新技术产品进出口额占 GDP 比重（0.757）等表征国际化程度的指标载荷系数较高，因此可将 F_1 命名为对外开放；F_2 因子中，教育支出占一般公共预算支出比重（0.456）、政府资助高校研发课题数（−0.053）、科技支出占一般公共预算支出比重（−0.227）、国家产业化计划项目数（0.591）等表征政策支持的指标载荷系数较高，因此可将 F_2 命名为政策支持；F_3 因子中，人均 GDP（0.392）、人均全社会固定资产投资（0.629）、人均技术市场交易额（−0.293）、技术合同成交率（0.240）等表征市场环境水平的指标载荷系数较高，因此可将 F_3 命名为市场活力；F_4 因子中，R&D 人员数占劳动力人数比重（−0.128）、本科以上学历人口占年末总人口比重（0.187）、R&D 经费内部支出占 GDP 比重（0.025）、专利申请数（−0.174）、科技论文数（0.101）、R&D 项目数（0.011）、高新技术产品产值占 GDP 比重（0.022）等表征研发环境水平的指标载荷系数较高，因此可将 F_4 命名为研发环境（表 2）。

表 2　因子载荷系数矩阵

指标	成分			
	F_1	F_2	F_3	F_4
货运量	−0.062	0.147	0.464	0.476
客运量	0.331	−0.016	−0.503	0.455

续表

指标	成分			
	F_1	F_2	F_3	F_4
百人拥有移动电话用户数	0.952	−0.073	0.166	0.060
百人拥有互联网用户数	0.851	−0.500	0.024	−0.021
高等学校数	0.544	−0.519	−0.428	0.133
研发机构数	0.586	−0.258	−0.567	0.128
高新技术企业数	0.635	0.588	−0.048	0.065
教育支出占一般公共预算支出比重	0.349	0.456	−0.393	−0.104
政府资助高校研发课题数	0.894	−0.053	−0.362	0.085
科技支出占一般公共预算支出比重	0.924	−0.227	0.025	0.061
国家产业化计划项目数	0.598	0.591	−0.041	0.208
R&D 人员数占劳动力人数比重	0.917	0.112	0.014	−0.128
本科以上学历人口占年末总人口比重	0.543	−0.724	−0.309	0.187
R&D 经费内部支出占 GDP 比重	0.837	0.377	0.194	0.025
专利申请数	0.722	0.499	−0.077	−0.174
科技论文数	0.843	−0.030	−0.360	0.101
R&D 项目数	0.752	0.622	−0.021	0.011
高新技术产品产值占 GDP 比重	0.837	0.308	0.160	0.022
人均 GDP	0.838	−0.218	0.392	0.201
人均全社会固定资产投资	0.062	0.097	0.629	0.686
人均技术市场交易额	0.555	−0.707	−0.293	0.224
技术合同成交率	0.825	−0.101	0.240	−0.328
人均实际利用外资额	0.840	−0.215	0.390	0.201
人均国外直接投资额	0.795	−0.276	0.385	−0.256
进出口总额占 GDP 比重	0.879	−0.299	0.092	−0.263
高新技术产品进出口额占 GDP 比重	0.757	−0.027	0.251	−0.476
主成分名称	对外开放	政策支持	市场活力	研发环境
累计贡献率 /%	52.43	66.89	77.09	83.05

3.3　结果分析

通过 SPSS 19.0 软件计算得出上海高新技术产业创新环境评价指标体系的得分系数，并求出与各指标值之积的总和，得到对外开放、政策支持、市场活力、研发环境各主成分因子和综合水平的得分及全国排名（表 3）。

表3 2015年上海与国内其他省（自治区、直辖市）创新环境评价比较

省（自治区、直辖市）	对外开放		政策支持		市场活力		研发环境		综合水平	
	得分	排名	得分	排名	得分	排名	得分	排名	得分	排名
上海	11.37	3	2.53	2	1.34	2	1.43	1	4.17	1
安徽	4.33	11	1.32	7	0.32	8	1.12	4	1.77	8
北京	11.98	1	2.19	3	1.19	3	1.13	3	4.12	2
福建	5.05	8	0.76	13	0.21	10	0.7	14	1.68	9
甘肃	1.46	27	0.43	20	-0.47	21	0.45	25	0.47	26
广东	10.23	4	1.93	5	0.36	6	0.85	10	3.34	5
广西	2.09	22	0.63	14	-0.54	25	0.42	26	0.65	22
贵州	1.59	26	0.55	17	-0.82	31	0.51	22	0.46	27
海南	1.70	24	0.08	29	0.05	14	0.37	28	0.55	25
河北	2.68	18	0.96	10	-0.38	19	0.52	21	0.95	17
河南	3.43	16	1.16	8	-0.79	29	0.51	23	1.08	16
黑龙江	2.26	20	0.32	25	-0.68	27	0.40	27	0.58	24
湖北	4.76	9	0.79	11	-0.58	26	0.90	8	1.47	11
湖南	3.70	13	1.02	9	-0.81	30	0.85	9	1.19	13
吉林	2.60	19	0.20	26	-0.01	15	0.61	17	0.85	19
江苏	11.45	2	2.62	1	1.02	5	1.20	2	4.07	3
江西	2.72	17	0.78	12	-0.50	23	0.56	19	0.89	18
辽宁	4.73	10	0.36	22	0.28	7	0.77	12	1.54	10
内蒙古	2.06	23	0.15	28	0.21	11	0.52	20	0.74	21
宁夏	1.44	28	0.19	27	-0.69	28	0.27	29	0.30	29
青海	0.71	30	-0.03	31	-0.49	22	0.67	16	0.22	30
山东	6.63	7	1.81	6	0.27	9	0.69	15	2.35	7
山西	2.18	21	0.56	16	-0.22	18	0.61	18	0.78	20
陕西	3.63	14	0.55	18	-0.46	20	1.04	6	1.19	14
四川	3.53	15	0.59	15	-0.19	16	0.47	24	1.10	15
天津	7.75	6	0.33	23	1.48	1	1.03	7	2.65	6
西藏	0.26	31	-0.02	30	0.14	13	0.13	31	0.13	31
新疆	1.68	25	0.33	24	-0.20	17	0.71	13	0.63	23
云南	1.37	29	0.38	21	-0.52	24	0.26	30	0.37	28
浙江	9.31	5	2.07	4	1.04	4	1.12	5	3.39	4
重庆	3.91	12	0.49	19	0.18	12	0.84	11	1.36	12

注：数据统计不包括香港、澳门和台湾

从总体来看，2015 年上海高新技术产业创新环境综合得分 4.17，排名全国第一，其次是北京和江苏，得分分别为 4.12 和 4.07。西藏、青海、宁夏则分别位列全国倒数三名，综合得分分别为 0.13、0.22、0.30。从各主成分因子来看，对外开放因子中，上海得分为 11.37 分，位列全国第三，北京和江苏得分分别为 11.98、11.45，位列全国第一和第二。西藏得分仅为 0.26，位列全国倒数第一，青海和云南得分分别为 0.71、1.37，位列全国 30 和第 29。政策支持因子中，上海得分为 2.53，位列全国第二，江苏和北京得分分别为 2.62、2.19，位列全国第一和第三。青海得分为 -0.03，位列全国倒数第一，海南和西藏得分分别为 0.08、-0.02，位列全国第 29 和第 30。市场活力因子中，上海得分为 1.34，位列全国第二，天津和北京得分分别为 1.48、1.19，位列全国第一和第三。贵州得分为 -0.82，位列全国倒数第一，河南和湖南得分分别为 -0.79、-0.81，位列全国第 29 和第 30。研发环境因子中，上海得分为 1.43，位列全国第一，江苏和北京得分分别为 1.20、1.13，位列全国第二和第三。西藏得分为 0.13，位列全国倒数第一，宁夏和云南得分分别为 0.27、0.26，位列全国第 29 和第 30。

从综合水平的空间格局来看，东中西差异较为明显，东中部高新技术创新环境综合水平较高，尤其是北京、广东、长三角地区创新环境水平在国内遥遥领先。从各主成分因子的空间格局来看，上海在国内都位于前列。综上所述，上海拥有较好的高新技术产业创新环境，为上海高新技术产业开展技术创新提供了强有力的支撑，对于上海高新技术产业创新发展具有重要价值。

4 结论

通过上述分析，本文主要得出如下结论：

第一，R&D 投入强度（R&D 支出占销售额的比重）是衡量产业是否属于高新技术产业的核心指标，本文认为高新技术产业是指主要从事技术开发、技术转让、技术咨询、技术服务、技术检测，或高新技术产品（服务）的研发、生产、经营等科技与创新活动，R&D 投入强度（R&D 支出占销售额的比重）不低于 5% 的制造业。

第二，从上海高新技术产业创新发展来看，不论是产值规模，还是创新水平，上海高新技术产业发展水平均处于全国前列，但与江苏、广东比较来看，上海高新技术产业发展仍存在一定差距，主要原因在于近年来上海高新技术产业 R&D 投入强度一直低于全国和东部 8 省（直辖市）的平均水平。因此，应从高新技术产业研发资金和人才投入方面，大力提升上海高新技术产业创新水平。

第三，上海高新产业创新环境评价结果显示，2015 年上海高新技术产业创新环境综合排名全国第一，但从其他主成分因子可看出，上海高新技术产业对外开放因子排名全国第三，政策支持因子排名全国第二，市场活力因子排名全国第二，研发环境因子排名全国第一。良好的区域创新环境对企业创新具有显著的推动作用，这在学界已达成共识[9]，从更好地服务于上海全球科技创新中心建设目标来看，还应从对外开放、政策支持、市场活力等方面加强上海高新技术产业创新环境建设。

参考文献

［1］曾刚.技术扩散与区域经济发展［J］.地域研究与开发，2002，21（3）：38-41.

［2］吴敬琏.发展中小企业是中国的大战略［J］.改革，1999，（2）：3-7.

［3］陆大道.中国区域发展的新因素与新格局（节选）［J］.地理教育，2004，（1）：261-271.

［4］王缉慈，王敬甯.中国产业集群研究中的概念性问题［J］.世界地理研究，2007，16（4）：89-97.

［5］蔡运龙，陆大道，周一星，等.地理科学的中国进展与国际趋势［J］.地理学报，2004，59（6）：803-810.

［6］胡学刚.高技术企业的界定［J］.安徽农业大学学报（社会科学版），2000，（4）：19-27.

［7］Nalson R R.National Innovation Systems：a Comparative Analysis［M］.Oxford：Oxford University Press，1993.

［8］王宏起，胡运权.高新技术及其产业的界定和使用规范化研究［J］.科学学与科学技术管理，2002，23（4）：8-11.

［9］王缉慈.创新集群三十年探索之旅［M］.北京：科学出版社，2016.

［10］覃成林.高新技术产业布局特征分析［J］.人文地理，2003，18（5）：38-41.

［11］曾刚，袁莉莉.长江三角洲技术扩散规律及其对策初探［J］.人文地理，1999，（1）：5-9.

［12］蒋媛媛.上海高新技术产业发展研究［J］.上海经济研究，2010，（11）：109-120.

［13］曹贤忠，曾刚，邹琳.长三角城市群 R&D 资源投入产出效率分析及空间分异［J］.经济地理，2015，35（1）：104-111.

Research on Innovation Environmental Evaluation of Shanghai High-tech Industry

Cao Xianzhong, Zeng Gang

（The Center for Modern Chinese City Studies & Institute for Urban Development, East China Normal University, Shanghai 200062, China）

Abstract Regional innovation environment plays a significant role in promoting enterprise innovation, which has reached a consensus in the academic circle. This paper constructs the evaluation index system of high-tech industry innovation environment from the five dimensions of infrastructure, policy support, R&D environment, market environment and internationalization degree. With the help of factor analysis method, the four principal components of external opening, policy support, market vigor and R&D environment have great influence on the innovation environment of Shanghai high-tech industry. Results show that, firstly, the development level of Shanghai high-tech industry is at the forefront of the country, whether it is the scale of production value or innovation level, but compared with Jiangsu and Guangdong, the development of high-tech industry in Shanghai still has a certain gap; Secondly, the comprehensive of Shanghai high-tech industry innovation environment ranked first, as the main component factors, external openness factor ranked third, policy support factor ranked second, market vigor ranked second, R&D environment ranked first in 2015. For the better service to the construction of global science and technology innovation center of Shanghai, we should also strengthen the construction of Shanghai high-tech industry innovation environment from the aspects of opening to the outside world, policy support and market vigor.

Keywords innovation environment; innovation ability; regional innovation; high-tech industry

何谓经济带？何谓协同？——经济带协同发展的概念与衡量体系构建

王丰龙

摘　要　近年来，长江经济带协同发展上升为国家发展战略，也受到学术界的高度重视。但是，已有研究对于什么是经济带和什么是协同发展仍然缺乏明确的界定。为此，本文在梳理相关概念和研究的基础上，提出了经济带和协同发展的定义，认为经济带协同发展主要表现为组织演化上趋向优化和有序、空间上专业化分工与发展水平趋向辩证统一、功能上外向性和联系度不断增强、制度上利益协调机制和协调规划体系趋于完善。本文进一步评估了衡量区域差异和区域联系的指标在衡量经济带协同中的适用性，并尝试提出一个衡量经济带协同发展水平的概念框架。本文的研究结论对于深化当前对经济带和区域协同发展的研究和推动经济带的协同发展具有参考价值。

关键词　长江经济带；协同；概念；衡量；框架

1　引言

近年来，随着"一带一路"倡议和长江经济带战略的提出，对经济带发展的研究日益增多。陆大道院士提出，建设经济带是经济发展布局的最佳选择[1]；《地理科学进展》也在 2015 年分别刊出"一带一路"和长江经济带研究的专辑[2, 3]。经济带内不同地区、不同要素的协同发展是经济带发展战略的重要方面。很多研究也评估了长江经济带等地区的协同发展水平[4-7]，提出了经济带的协同发展策略[8-10]。

然而，已有研究中对经济带和协同发展的理论探讨仍十分薄弱。一方面，已

作者简介：王丰龙（1988—），男，华东师范大学中国现代城市研究中心／城市发展研究院，博士、副教授，研究方向为行为地理、经济地理和地理学思想等方面。

基金项目：国家自然科学基金项目（41601144；41371147；41271165；41130747）。

有研究对经济带的内涵缺乏明确界定，很多关于经济带的研究"用的是同一个词，却说的不是一回事"[11]。以长江经济带为例，有的研究将其看作有明确边界的空间地域[12]，有的研究将其看作没有明确边界但是有紧密联系的功能地域[1]，还有的研究将其看作一个承载政策含义的战略构想。另一方面，尽管大家都把协同发展作为一种美好的愿景，但是对协同发展的标准及其衡量指标具有不同的理解。有的研究从"协"的角度出发强调不同地区的相互联系和协作[13, 14]，还有的研究从"同"的角度出发强调缩小不同地区的发展差异[15, 16]。

对经济带协同发展概念和理论研究的滞后降低了现有研究的科学性和实用性。从学术研究的角度看，对经济带概念的模糊界定有碍相关研究的深入交流和知识积累，甚至导致大量学术研究对经济带范围的划分完全依赖政策制定，失去了学术研究的独立性及其成果对政策制定的参考价值。从政策制定的角度看，对协同发展理解的分歧会导致对经济带发展水平的评判缺乏系统性、政策建议指向不明，甚至有研究把协同作为一个包装旧想法的"帽子"，而分析内容的主体与协同发展关联并不大。

针对上述问题，本文拟通过梳理当前研究中关于经济带协同发展的概念和分析视角，找出研究中存在缺失和分歧的地方，为未来研究提供参考。本文的结构如下：第2节主要归纳已有对经济带及其相关概念的定义，分析现有界定的不足，总结经济带的核心要素及其与其他术语的区别。第3节重点梳理现有研究对协同发展的分析和衡量视角，分析各个视角的不足，指出现有分析视角忽略的协同发展的方面。第4节总结已有研究，提出本文对经济带协同发展的一些理解。第5节总结全文并讨论未来研究有待深入的话题。

2 经济带相关概念述评

尽管目前对经济带的研究很多，但是鲜有研究给出经济带的确切定义[17]。仅周焱和徐建刚、朱华友和丁四保等的研究[18, 19]对经济带概念做过初步的界定，他们都强调经济活动在空间上的带状分布和沿交通轴线集聚的特征——前者将经济带界定为经济活动沿线状基础设施展开并集聚分布的经济现象；后者将其界定为沿交通干线分布、发展水平较高的经济地域（表1）。但是，他们并没有回答以下几个重要问题：①经济带应该沿交通干线呈现连续分布还是点-轴分布特征？如果是连续分布的话，"海上丝绸之路经济带"和T字形发展轴的沿海经济带不符合经济带的定义；而如果呈点-轴分布的话，经济带概念又有被泛化使用的趋势——所有交通线沿线区域都可以被看作经济带吗？②经济带有没有特定的界定标准？如经济带有没有明确的边界？什么级别道路沿线的区域才能称为经济带？经济带内不同地区间的关系应该满足什么条件——应该是同质的还是集聚的？只需是政策区域还是要有功能联系？联系强度需要达到什么程度？③目前对经济带的研究主要集中在国内，国外研究中尚没有一个确切的英文术语与其对应。

表1 经济带的相关概念界定

经济带相关概念		作者及年份	定义
带状经济地域	经济带	周焱和徐建刚，2003	经济活动沿线状基础设施展开并集聚分布的一种经济现象[18]。
		朱华友和丁四保，2004	有区际或区内意义的以交通干线为轴线、以城市为发展极，相对于周围地区经济发展水平较高的呈条带状分布的具有特定结构、功能、层次的经济地域[19]。
地域综合体	经济区	李小建等，2006	在劳动地域分工中形成的地域生产综合体；在一定地理空间范围内，由一组经济活动相互关联、组合而形成的经济地域单元，是一种区域经济的空间组织实体[20]。
	经济协作区	杨开忠和姜玲，2010	以描述、分析和管理相对完整的区域性经济体系发展为目的，是一种建立在地域经济综合体理论基础上的、按规划设立的综合性功能经济区域[21]。这一概念产生于计划经济背景，具有统一的协作区委员会及经济计划办公室
产业集聚带	产业带	费洪平，1994	在特定经济空间中，由众多相互配合、协作密切的产业部门围绕资源富集区、中心城市或交通方便的区位而集聚，所形成的由线状基础设施束相联结和若干大小不等的中心组成的具有内在经济联系的产业集聚区域[22, 23]。
	产业密集带	郭振淮等，1995	产业、人口和城市在特定的大地域空间内沿线状的各种基础设施束呈带状的高度集中，并形成庞大的空间巨系统[24]。
	交通经济带	韩增林等，2000	以综合运输通道为发展主轴，以轴上及其吸引域内的大中城市为依托，通过沿线经济部门的技术联系和生产协作，由资源、人口、产业、城镇、信息、客/货流等集聚而成的辐带状空间地域综合体[25]
单中心城市化区域	城市经济带	杨风和秦书生，2007	依托一定的自然环境和交通网络空间连绵分布，以经济发达的大城市为核心，并联结带动周围不同等级规模城市的经济发展，形成的人口密集、产业集聚的狭长带状经济区域[17]。
	都会经济区	薛凤旋和郑艳婷，2005	由通过基础设施网络连接的核心市和外圈两部分组成，核心市与外圈按区位、资源和比较优势有所分工[26]。
	大都市带	宁越敏，2011	由许多都市区首尾相连、沿特定轴线发展的巨大的多中心城市网络，城市之间通过人口、交通、信息、资金的各种流动发生强烈的相互作用[27, 28]

续表

经济带相关概念	作者及年份	定义
多中心城市化区域 都市连绵区	薛凤旋和郑艳婷，2005	由若干个都市区联成一体的泛都市，其中每个都市区的中心城市与周边的农村地区通过交通走廊产生密切的功能联系[26, 29]。
多中心城市区域	马学广和李贵才，2011	一群位置邻近、通过基础设施相连并以大片开敞空间相间隔，在管理上和政治上互相依赖但不存在支配性城市的历史性地区与周边聚落的集合体[30]。
城市群	方创琳，2009	以1～2个特大型城市为核心，包括周围若干个城市、内部具有密切的经济技术联系、以发达的基础设施系统为支撑的经济区域[9, 28, 31]

此外，还有很多与经济带相关的概念，包括经济区、产业带、城市经济带和都市连绵区（metropolitan interlocking region）等（表1）。这些概念大体从五个角度理解经济带——带状经济区域、地域综合体、产业集聚带、单中心城市化区域和多中心城市化区域（poly-centric urban region）。不过，这些概念与经济带的含义显然有所不同。与经济区相比，经济带更强调带状空间形态；与产业带相比，经济带更强调空间联系和综合城市功能；与经济协作区相比，经济带更强调功能联系，而较少强调规划指向；交通经济带和城市经济带原则上只是经济带的一种形式。经济带与大都市带（megalopolis）和城市群（urban agglomeration）等概念也相关，都强调多个城市间的网络联系。但是，大都市带或城市群往往强调城市景观首尾相连[28]，并且往往以1～2个特大型城市为核心[9]；相比之下，经济带所指的空间范围更广、要求的空间联系强度和同质性更小。这些概念与国外的概念存在一定关联，如戈特曼（S.Gottmann）提出的大都市连绵区、吉尔（S.Degeer）提出的"制造业带"（manufacturing belt）、松巴特（W.Sombart）提出的"生长轴"（grown axis）、韦贝尔（C. F. J. Whebell）提出的城市系统走廊（city system corridor）。

3 经济带协同发展的内涵与衡量指标梳理

协同发展是经济带建设的主要目的之一，也是经济带研究的主要内容[9, 32-34]。不过，目前对协同发展仍存在很多不同的理解。比较主流的是以下四种——协同学、合作共赢、空间差异（或一体化）及功能联系和网络。其中，前两者侧重过程，后两者侧重状态。接下来，本文将对各个视角的相关界定及衡量指标进行概要梳理。

3.1 基于协同学视角对协同发展的界定和衡量

协同学（synergetics）最早由哈肯提出，主要建立在三条原理之上——协同效应（复杂开放系统中子系统之间相互作用产生整体效应）、伺服原理（系统变化受慢变量主导）和自组织原理（系统内各子系统之间能够按照某种规则自动形成一定的结构或功能，从无序状态走向有序状态）[4, 35]。总体来说，协同学主要理解系统的演化过程、条件和机理，尤其关注系统的自组织形式。通过将区域看作一个高度复杂的开放系统，将城市、节点间的网络和流动（人流、物流、资金流、信息流等）看作具体的联系形式，很多学者基于协同理论理解区域的协同发展。例如，柴攀峰和黄中伟认为，城市群协同发展依赖于该复杂系统内不同城市主体之间的连接关系，通过合理整合相关要素流动发挥系统的协同交互作用，使系统形成一定功能的自组织结构，由无序向有序、低级有序向高级有序演化，实现城市协同发展的增值效应[36]；李琳和刘莹认为，协同发展是指区域间或同一区域内各经济组分间的协同共生，合力推进大区域经济由无序向有序、从初级到高级的动态转变，形成"互惠共生，合作共赢"的内生增长机制，并最终促进大区域高效有序发展[37]。

基于协同学研究，一些研究采用有序性或效率等指标探索性地衡量了经济带协同发展水平。例如，李琳和刘莹基于系统论和哈肯模型，通过判定协同发展的序参量和求解系统势函数，评价和划分了中国区域经济的协同发展水平[37]；李琳和吴珊则运用数据包络分析（data envelopment analysis，DEA）方法衡量各省经济协同发展的效率[38]。但是，由于协同学的分析较为复杂，目前采用相关方法衡量经济带协同发展水平的研究还不多。不过，这类思路也存在以下问题。一方面，这类研究背后的假设是区域经济发展具有与自然界系统演化类似的特征，且区域协同发展应该有很高的发展效率或有序的结构。但是，这只是基于推断和类比，缺乏更多的理论依据。另一方面，现有研究对效率或结构相关指标的选取较为主观，且在分析中较少关注区域间具体的联系。

3.2 基于合作共赢视角对协同发展的界定和衡量

城市间的分工合作与互利共赢是经济带存在的重要基础和协同发展的主要形式[22, 32, 36]，也是目前分析区域协同发展的主要视角。现有研究主要基于两类理论——博弈论和新区域主义。博弈论主要从个体收益的角度分析地区间合作的可能性；新区域主义则主张通过政治手段解决区域问题，促进地方政府间的合作治理，强调地方政府、社会组织和公民的沟通合作。基于合作共赢视角，很多研究提出了协同发展的定义。例如，杨亮洁等认为，协同与竞争相对，意思是协调、适应、和谐，以及相互合作、相互促进，是系统整体性和相关性的内在表现[39]。Capello 和 Rietveld 认为协同概念有三重含义：①两个或更多行动者合作会为他们带来积极效果；②在生产特定物质的过程中合作各方均可获得更大的优势；③当个体城市自愿成为城市群体的成员时，外部性会在它们产生规模经济的同时获得[30]。文魁认为，协同是指不同主体相互配合或一方协助他方做某件事[40]。刘勇和许云认为，协调强调控制区域差距，协同则强调建立区域联系[41]。从这个角度出发，王士君认为协同发展是指区域内的两个或多个城市突破行政区划制约，使发展要素和资源在彼此之间自由流动和优化配置，促进经济社会更紧密融合，形成优势互补共同繁荣的整体效应，提高整体竞争力[42]。沈玉芳等认为，产业空间组织与城市空间组织存在互动规律和联动机制[43]。陈迪认为，协同发展是系统内部及各子系统之间通过相互适应、相互协作、相互配合和相互促进，最后耦合而成的同步、协作与和谐发展的良性循环过程[44]。覃成林等认为，区域经济协调发展是指在区域开放条件下，区域之间经济联系日益密切、经济相互依赖日益加深、经济发展上关联互动和正向促进，各区域的经济均持续发展且区域经济差异趋于缩小的过程[45]。柳建文认为，协同是一种多元主体之间持续稳定的关系，包括主体间共享资源、共享收益和共担风险等[46]。

一些研究基于合作互补角度构建了衡量区域协同发展水平的指标。例如，陆大道认为，泛珠三角地区应该重点推进大城市群和腹地之间在投资、产业、技术、物流和贸易等方面的合作，而非经济一体化[47]；马学广和李贵才认为，协同性产生于区域组织能力和城际合作精神，其核心内涵是由城市间非等级性联系产生的互补性[30]；王新哲、齐军领和张瑜认为，经济带发展必须加强城市间经济联系、建立多方面的合作[4, 48]；成长春认为，融合与共生是协同发展的特征和取向[49]；徐长乐认为，区域经济的特色在联合，联合的前提和基础则在于分工与互补[14]；王春萌等基于产业专业化指数和产业合作潜力模型分析长三角经济圈不同城市的合作潜力[50]；颜姜慧、曲泽静和张慧君基于博弈模型，分析了淮海城市群和长三角地区协同发展的潜在收益[51, 52]；曾刚和王丰龙也认为，协同发展是指区域内不同城市之间突破行政界线，开展多种互利合作的过程，并基于一系列表征城市对外服务能力和带动能力的指标构建了长江经济带城市协同发展能力指数[7, 53]；李学鑫和苗长虹采用区位熵和灰色关联分析法度量了地区间产业结构相似度和分工程度[54]。

此外，还有部分研究从制度设计与协调分工的角度分析经济带协同发展。这些研究认为，地方政府追求本地利益最大化的行为和协同发展对区域整体分工的要求间存在很大矛盾[55, 56]，因此必须制订有效的制度框架和统一的规划体系。经济带的制度设计包括行政区划和非行政区划两种手段[57]。行政区划与经济区域的矛盾往往是区域协同发展的最大障碍，因此有研究提出优化经济带的行政区划设置[40]。不过，由于经济带的范围太大，更多研究提出通过跨域治理推动经济带的协同发展，包括建立不同主体间的伙伴关系[58]、城市间分工合作的长效机制[56]、协同发展的利益共享机制[59]、区域发展议事协调机构和区域治理平台（如政府联席会和区域联盟）[4, 7, 60, 61]；朱惠斌和李贵才介绍了国外跨界合作的模式[62]。还有不少研究提出了经济带规划的设想。例如，樊杰等提出应该建立协同规划的工作流程，从顶层设计的角度保障区域协同发展[34]；王婷和芦岩提出可以通过产业布局规划引导发达城市对欠发达城市的产业转移和技术扩散[56]；仇保兴提出可以通过"四线"管制等规划手段推动京津冀的协调发展[63]。苏宁和屠启宇、柳天恩等还介绍了美国类似地区产业联动发展的模式和经验[64, 65]。不过，目前定量衡量政府在推动协同发展的制度设计及其作用的研究仍然很少，甚至对于政府应该起主导还是引导作用仍缺乏定论——建议采用行政区划或顶层设计的研究多倾向于政府起主导作用，而建议采用政府联席会或伙伴关系的研究多倡导非政府主体的作用和自下而上的治理。

3.3 基于空间差异视角对协同发展的界定和衡量

也有研究从空间结构和过程角度出发理解协同发展。这些研究认为，空间上的集聚与扩散是推动经济带协同发展的重要力量[27]。根据梯度转移和点-轴开发等理论，受产业集聚、人口集中和中心城市带动等向心力的影响[31]，经济带内互动发展的地区之间应该存在功能差异[30]和产业梯度[55]，呈现出不平衡的"核心-边缘"结构[41]；城镇体系相关理论也认为，区域内的城市规模往往呈现金字塔结构[63]。不过，协同发展的区域内部差异不能过大、城市间等级性不能过强，否则容易产生虹吸效应和区域剥夺行为[66]。随着劳动力从低工资地区向高工资地区流动、产业从高梯度地区向低梯度地区推移和对经济带内欠发达地区的开发与扶持力度加大[67]，经济带内部应该具有一体化趋势，以实现区域经济的相对均衡发展[56]。

基于这一视角，不少研究从空间结构和空间差异的角度出发，运用空间分布参数、差异性指标或趋同性指标衡量经济带内的协同发展水平。①部分研究考察了空间结构的合理性。例如，王晓巍等认为经济带具有分形特征，可以用分形维数度量其空间结构的合理性[68]；于涛方等认为，长江经济带存在"核心－边缘"结构，如何确保地区间合理的差异界限对于经济带的均衡发展具有重要意义[69]；陈肖飞等则借鉴世界银行提出的密度－距离－整合 3D 框架，分析了空间不均衡对于区域一体化发展的影响[70]；孙博文等认为协同发展是经济活动空间分布从集聚向多中心均衡发展的过程，并利用首位度等指标衡量了武汉城市圈的协同发展水平[71]。②部分研究考察区域内部发展水平的差异，认为差异越大协同水平越低。例如，沈玉芳和罗余红比较了长江经济带内部经济发展水平的差异，并从协同发展的角度提出了缩小区域差异的政策建议[72]；靖学青利用变异系数衡量长江经济带协同发展水平，并分析了产业转移量对经济带协同发展的推动作用[73]；陈立泰等以劳动力工资差异衡量了长江经济带的协同发展水平[74]；于文静将区域差异作为衡量长江经济带区域发展协调度的一个重要指标[15]。③还有一些研究从发展趋同的角度分析经济带的协同水平，即认为如果区域差异呈现缩小趋势则协同发展水平较高。例如，李小帆等利用空间杜宾面板模型分析了长江经济带新型城镇化协调性的趋同现象和影响因素[75]；谷国锋和解瑚卓则分析了东北三省区域经济增长的趋同性[76]；覃成林等利用莫兰指数、经济增长率的变异系数等构建了区域经济协调发展度的指标[77]；郑瑞坤和向书坚基于小型开放经济模型和 Granger 因果检验等分析了长江经济带一体化中的经济阻滞效应和相依效应[78]。

3.4 基于功能联系和网络视角对协同发展的界定和衡量

还有很多研究采用功能联系和网络视角理解和分析经济带的协同发展。例如，王士君和吴嫦娥认为，城市组群的研究重点应放在城市之间的联系和作用上[79]。城市之间联系的形式既包括人流、物流、资金流、信息流和技术流等各种要素的流动[32, 80, 81]，也包括产业链的专业化分工和优势互补[54]。大量研究归纳了衡量区域联系的思路和方法[82-85]。总体上，已有研究主要基于两类数据。①基于各种类型的"流"衡量城市间联系，即假设某类要素的流量越大，城市间的协同水平越高。其中，一些研究直接采用各种流量指标（移民、航空流、货运量、微博用户、百度信息流等）衡量区域内的联系。例如，王海江和苗长虹运用国内航线的班次分析了区域的空间联系[86]。还有一些研究采用城市网络分析的范式，运用高级生产性服务业（advanced producer services，APS）或跨国企业总部－分支（子公司）联系衡量城市间联系[87-90]。②基于各种空间相互作用模型或产业关联度模型分析区域内的功能联系。其中，最常用的是重力模型，假设空间交互作用与城市的规模成正比、与城市间的距离成反比。例如，顾朝林和庞海峰很早就运用重力模型刻画中国城市体系的空间联系和结构[91]；柴攀峰和黄中伟、张旭亮和宁越敏、钟业喜等、李亚婷等基于重力模型构建经济隶属度[36, 92]和城市联系的空间网络[93, 94]。还有不少学者采用产业分工指标分析城市间联系和区域协同水平，即假设城市外向功能越强，协同发展程度越高。例如，朱英明和于念文、王士君等运用城市流模型分析了区域内不同城市承担的外向功能[95, 96]；宋吉涛等基于投入产出理论，构建了感应系数和影响系数衡量长三角各城市间的联系强度及其空间分异[97]；程艳等也基于投入产出理论分析了长江经济带物流产业的关联度及其空间差异[98]。

3.5　小结

总体来说，现有研究主要从协同学、合作共赢、空间差异及功能联系和网络四个视角出发，理解协同发展并衡量经济带的协同发展水平。这四类视角各有利弊。第一，从协同学的视角理解协同比较自然，也能深入理解要素和区域等不同子系统的演化规律。但是，区域发展不一定满足自组织的条件，往往需要政府干预，因此移植协同学理论理解区域协同发展也存在局限。第二，从合作共赢的视角理解协同发展较为契合目前实际的政策导向，也比较容易与西方关于区域发展的相关理论耦合。但是，这一角度侧重分工协作的推动机制和制度保障，导致对协同发展水平的度量指标较难选取，且存在争议——如制度能否量化？如果量化，采取主观的专家打分还是客观的指标更为可靠？更应该评估制度的数量（如联席会、跨界规划的数量）还是实施效果（如争议解决次数或合作项目数量）？第三，基于空间差异的视角度量协同发展水平十分简单明确，也符合经济带建设中缩小区域间差异的政策目标。但是，一方面，这一视角忽略了空间差异对于区域联系的必要性，容易重新回到之前奉行同质性划分原则的经济区概念[21]。实际上，经济带的空间结构是差异化分工和发展水平趋同的辩证统一，作为一种互补性的区域，经济带不应该雷同发展、恶性竞争，而是可以由若干增长极核带动区域联动发展。另一方面，这一视角无法区分相互独立的低水平均衡、产业同构的趋同与中心功能扩散导致的趋同，也未从理论上确定一个最优的区域差异水平，虽然能够很容易获得各种衡量区域差异的指标，但是仍然难以理解区域的协同发展水平。第四，基于功能联系和网络的视角理解协同发展符合"流空间"转向的趋势，指标获取较为容易，也能够间接反映区域分工协作情况。但是，一方面，这类方法没有说明什么样的联系更有利于区域协同发展，因此不一定能够反映协作程度，如等级化网络联系还是扁平化网络联系的协同水平更高？产业内联系还是产业间联系对协同发展更重要？哪一尺度的联系更有利于协同发展——城市内部的产业集群、城市群内的城市之间还是跨城市群联系？区域内部是否存在不必要的要素流动和舍近求远的联系？另一方面，由于流量数据获取和整理需要花费大量精力，因此现有研究往往只采用一类流量指标（多为产业指标），容易忽略社会联系等其他方面，导致其分析结论的代表性存疑。此外，现有很多对网络联系的计算基于推断，因此可能更偏离现实。例如，连锁算法只考虑了公司总部与分支机构之间的联系，未考虑不同公司之间的联系；重力模型得出的区内联系基于理论假设，可能与事实不符；城市流指标只考虑了单个城市的外向功能，未考虑两两间联系，且计算中使用的区位熵指标实际上假定了某个城市的外向功能只服务于经济带内部，因此其结果可能有偏。

4 协同发展的概念和评价框架

综上，目前对经济带及协同发展的定义仍较为模糊，衡量经济带协同发展水平的研究也很少，且目前采用的衡量经济带协同发展水平的指标存在很多不足甚至争议。为此，本文不揣冒昧，尝试提出对经济带和协同发展的新定义，并基于此构建衡量经济带协同发展水平的框架。

4.1 经济带的定义

本文将经济带界定为以交通设施为轴线、以不同规模的城市为节点、在产业链环节存在综合经济联系和分工协作、具有特定政策指向的区域。经济带具有复杂系统、功能地域、地理区域和规划蓝图四重属性（图1），因而具有一些看似矛盾的特性。首先，经济带的边界划分需要辩证看待。作为地理区域和规划蓝图，经济带具有明确的边界，而作为复杂系统和功能地域，经济带的边界更像一种缓冲区或影响区，具体界线并不重要，也无法绝对划分；作为一种功能地域，经济带的边界划定基于一定标准，而作为规划蓝图，其空间范围的划定主要出于政府发展经济的主观意愿[80, 99]。其次，经济带是客观形成与规划推动双向作用的产物。作为复杂系统和功能地域，经济带具有自发形成的社会经济基础，无须编制规划[63]；但作为一种地理区域和规划蓝图，经济带又必然受政策的强烈干预——经济带的提出承载了明显的政策意图，其运作也需要建立多方的协作机制。再次，作为一种功能地域和规划蓝图，经济带具有同质性与差异性、聚集性和辐射性的双重特征。一方面，经济带的形成建立在"中心—外围"的空间结构和地区间的比较优势之上，因此空间上必然是非均衡的[100]；另一方面，经济带强调区域间的合作和要素的互补性，因此又隐含着发展趋同和功能扩散的趋势。最后，类似于西方宏观经济学中新古典主义与凯恩斯主义的分化[101]，对经济带的理解存在实证研究和规划研究的分野。在前者的语境下，经济带是一种客观存在的区域，需要满足一系列标准；而在后者的语境下，经济带类似经济区划，是区域经济空间管治的重要战略工具。二者没有绝对的优劣，但是需要分清。

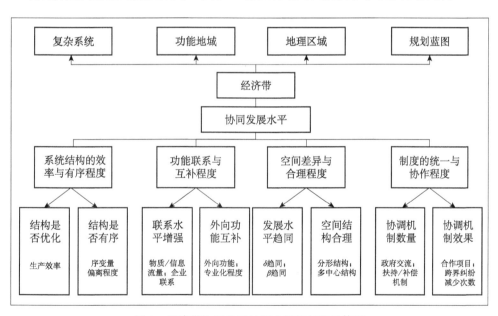

图 1　经济带协同发展的概念框架与衡量体系

4.2　协同发展的定义

本文认为，协同最主要的含义仍然是相互协作、共同发展。因此经济带协同发展可以定义为带内不同城市之间通过产业链的分工、生产要素的流动、技术创新的扩散和协调机制的建立，相互协作、优势互补，实现资源的优化配置，促进经济社会文化的融合，带动区域整体联动、有序发展，达到生产效率和生活水平的趋同[7]。与上述提出的经济带三重属性相对应，经济带的协同发展也具有四个特性——系统演化上自组织水平不断提高、空间上专业化分工与发展水平趋向辩证统一、功能上外向性和联系度不断增强、制度上利益协调机制和协调规划体系趋于完善（图1）。经济带的协同发展不仅表现在结果上，即空间差异的减小和发展水平的趋同（convergence），也表现在过程上，即不同形式的协作活动——包括基于市场联系的分工合作（collaboration）和基于制度建设的利益协调（coordination）。这种多元视角已被一些学者所采用。例如，孙久文和原倩认为，空间不平等弥合、要素市场一体化和区域协调机制建设是协同发展的重要任务[67]；成长春也认为，交通网络、产业转型升级和完善区域互动合作机制是达成协同发展的重要方式[49]。因此，从多元而非单一视角理解协同发展是必要和可行的。

4.3　一个衡量经济带协同发展水平的框架

本文认为，可以从上述经济带协同发展的多元视角出发，构建衡量经济带协同发展水平的评估框架和指标体系（图1）。总体上，经济带的协同水平可以从系统结构的效率与有序程度、功能联系与互补程度、空间差异与合理程度、制度的统一与协作程度四方面衡量，这既体现了经济带和协同发展的多元含义，也兼顾了经济带的差异与联系、投入与产出、过程与结果、现状与趋势。其中，系统结构的效率和有序程度可以基于哈肯模型或 DEA 模型，利用现状特征与理论上最优值的差距或空间特征的投入—产出效率衡量；功能联系与互补程度可以用具体的流量、企业联系和产业的专业化程度等指标衡量；空间差异与合理程度宜从趋同的角度，采用 δ 趋同和 β 趋同方法，从历时比较角度构建衡量指标；制度的统一与协作程度可以用制度建设指标（如政府交流次数、跨区域补偿机制数等）和政策实施的效果（如跨界纠纷减少次数、跨界合作开发项目数）综合衡量。为了兼顾协同发展的不同方面的内涵并减少定量评估带来的偏误，可以采用专家打分法等对不同方面赋予不同权重并加权汇总，以此作为经济带协同发展水平的最终评估结果。

5　总结与讨论

近年来，经济带协同发展成为国家发展战略的重要内容，也受到学界的高度重视。但是，已有研究对于什么是经济带和什么是协同发展仍然缺乏明确的界定，对于如何实现经济带协同发展也存在诸多争议。为此，本文在梳理已有相关概念和研究的基础上，提出了经济带和协同发展的主要内涵。本文认为，经济带是以交通设施为轴线、以不同规模的城市为节点、在产业链环节存在综合经济联系和分工协作、具有特定政策指向的区域；具有复杂系统、功能地域、地理区域和规划蓝图等多重含义。经济带协同发展则可以定义为带内不同城市之间通过自组织演化、产业链分工、生产要素流动、技术创新扩散和协调机制建立等渠道，相互协作、优势互补，实现资源优化配置，促进经济社会文化的融合，带动区域整体联动、有序发展，达到生产效率和生活水平的趋同；表现为系统上结构的不断优化和趋向有序、功能上外向性和联系度的不断增强、空间上专业化分工与发展水平趋同的辩证统一、制度上利益协调机制和协调规划体系的趋于完善。本文进一步评估了衡量系统有序性、区域差异、区域联系和制度框架的相关指标体系在衡量经济带协同方面的适用性，并尝试提出一个衡量经济带协同发展水平的概念框架。本文的研究问题对于深化当前对经济带和区域协同发展的研究具有重要意义，研究结论对于推动经济带的协同发展具有参考借鉴价值。当然，本文提出的经济带协同发展定义和衡量框架仍然十分粗糙，未来的研究有待不断修正深化。

参考文献

［1］陆大道.建设经济带是经济发展布局的最佳选择——长江经济带经济发展的巨大潜力［J］.地理科学，2014，34（7）：769-772.
［2］周成虎."长江经济带"专辑序言［J］.地理科学进展，2015，34（11）：1335.
［3］刘卫东."一带一路"专辑序言［J］.地理科学进展，2015，34（5）：537.
［4］王新哲.广西北部湾城市群协同效应研究［J］.城市问题，2008，（5）：40-45.
［5］牛方曲，刘卫东.中国区域科技创新资源分布及其与经济发展水平协同测度［J］.地理科学进展，2012，31（2）：149-155.
［6］曾刚.长江经济带协同发展的基础与谋略［M］.北京：经济科学出版社，2014.

［7］曾刚，王丰龙．长江经济带城市协同发展能力测评研究［J］．人民论坛·学术前沿，2016，（2）：58-64.

［8］林森．辽宁沿海经济带与腹地互动协同发展的路径分析——基于区域经济一体化的视角［J］．财经问题研究，2009，（10）：119-123.

［9］陆大道．京津冀城市群功能定位及协同发展［J］．地理科学进展，2015，34（3）：265-270.

［10］杨东方．鼎新京津冀经济协同发展的空间安排［J］．天津行政学院学报，2014，16（6）：67-71.

［11］张从果，杨永春．都市圈概念辨析［J］．城市规划，2007，31（4）：31-36.

［12］徐长乐，徐廷廷，孟越男．长江经济带产业分工合作现状、问题及发展对策［J］．长江流域资源与环境，2015，24（10）：1633-1638.

［13］王圣云，翟晨阳．长江经济带城市集群网络结构与空间合作路径［J］．经济地理，2015，35（11）：61-70.

［14］徐长乐．建设长江经济带的产业分工与合作［J］．改革，2014，（6）：29-31.

［15］于文静．长江经济带区域经济发展差异及协调度的定量分析［D］．上海：华东师范大学，2009.

［16］白永平，张秋亮，黄永斌，等．兰新铁路沿线经济带区域经济差异变动的空间分析［J］．干旱区地理，2013，（1）：147-155.

［17］杨凤，秦书生．城市经济带的理论渊源及概念辨析［J］．经济纵横，2007，（6）：42-45.

［18］周焱，徐建刚．基于GIS的交通经济带空间边界界定方法研究——以沪宁杭高速公路经济带为例［J］．世界地理研究，2003，12（2）：79-85.

［19］朱华友，丁四保．长春—吉林经济带的形成与空间结构特点研究［J］．人文地理，2004，19（3）：46-49.

［20］李小建，李国平，曾刚，等．经济地理学［M］．2版．北京：高等教育出版社，2006.

［21］杨开忠，姜玲．中国经济区划转型与前沿课题［J］．中国行政管理，2010，（5）：79-82.

［22］费洪平．产业带边界划分的理论与方法——胶济沿线产业带实例分析［J］．地理学报，1994，49（3）：214-225.

［23］欧向军，沈正平．江苏省产业带建设效应与演化动力［J］．地理研究，2011，30（3）：411-423.

［24］郭振淮，金陵，李丽萍．论产业密集带［J］．经济地理，1995，115（1）：1-9.

［25］韩增林，杨荫凯，张文尝，等．交通经济带的基础理论及其生命周期模式研究［J］．地理科学，2000，20（4）：295-300.

［26］薛凤旋，郑艳婷．我国都会经济区的形成及其界定［J］．经济地理，2005，25（6）：827-833.

［27］李仙德，宁越敏．城市群研究述评与展望［J］．地理科学，2012，32（3）：282-288.

［28］宁越敏．中国都市区和大城市群的界定——兼论大城市群在区域经济发展中的作用［J］．地理科学，2011，31（3）：257-263.

［29］史育龙，周一星.关于大都市带（都市连绵区）研究的论争及近今进展述评［J］.国外城市规划，1997，12（2）：2-11.

［30］马学广，李贵才.欧洲多中心城市区域的研究进展和应用实践［J］.地理科学，2011，31（12）：1423-1429.

［31］方创琳.城市群空间范围识别标准的研究进展与基本判断［J］.城市规划学刊，2009，（4）：1-6.

［32］高丽娜，朱舜，颜姜慧.基于城市群协同发展的中国经济区划［J］.经济问题探索，2014，（5）：31-36.

［33］刘锋，刘贤腾，余忠.协同区域产业发展空间布局初探——以沿淮城市群为例［J］.城市规划，2009，33（6）：88-92.

［34］樊杰，蒋子龙，陈东.空间布局协同规划的科学基础与实践策略［J］.城市规划，2014，38（1）：16-25.

［35］郭爱君，陶银海，毛锦凰.协同发展：我国区域经济发展战略的新趋向——兼论"一带一路"建设与我国区域经济协同发展［J］.兰州大学学报（社会科学版），2017，45（4）：11-18.

［36］柴攀峰，黄中伟.基于协同发展的长三角城市群空间格局研究［J］.经济地理，2014，34（6）：75-79.

［37］李琳，刘莹.中国区域经济协同发展的驱动因素——基于哈肯模型的分阶段实证研究［J］.地理研究，2014，33（9）：1603-1616.

［38］李琳，吴珊.基于DEA的我国区域经济协同发展水平动态评价与比较［J］.华东经济管理，2014，28（1）：65-68.

［39］杨亮洁，杨永春，王录仓.城市系统中的竞争与协同机制研究［J］.人文地理，2014，29（6）：104-108.

［40］文魁.京津冀大棋局——京津冀协同发展的战略思考［J］.经济与管理，2014，28（6）：8-12.

［41］刘勇，许云.建设长江经济带正当其时［J］.中国发展观察，2014，（6）：6-8.

［42］王士君.城市相互作用与整合发展［M］.北京：商务印书馆，2009.

［43］沈玉芳，刘曙华，张婧，等.长三角地区产业群、城市群和港口群协同发展研究［J］.经济地理，2010，30（5）：778-783.

［44］陈迪.基于PERE区域协同发展的城市成长——简论南京城市成长中的几个主要问题［J］.现代城市研究，2006，（11）：56-61.

［45］覃成林，郑云峰，张华.我国区域经济协调发展的趋势及特征分析［J］.经济地理，2013，33（1）：9-14.

［46］柳建文.中国区域协同发展的机制转型——基于国家三大区域发展战略的分析［J］.天津社会科学，2017，（5）：77-82.

［47］陆大道.关于珠江三角洲大城市群与泛珠三角经济合作区的发展问题［J］.经济地理，2017，37（4）：1-4.

［48］齐军领，张瑜.美国"双岸"经济带产业布局的研究——兼谈对辽宁沿海经济带的启示

[J].求索，2011，（6）：50-52.

[49] 成长春.长江经济带协调性均衡发展的战略构想[J].南通大学学报（社会科学版），
2015，31（1）：1-8.

[50] 王春萌，谷人旭，高士博，等.长三角经济圈产业分工及经济合作潜力研究[J].上海
经济研究，2016，（5）：84-93.

[51] 颜姜慧.城市群协同发展的博弈论分析[J].工业技术经济，2017，（4）：26-32.

[52] 曲泽静，张慧君.基于要素流动的长三角经济带经济体协同发展研究[J].统计与决策，
2016，（6）：133-137.

[53] 曾刚，王丰龙."长江经济带城市协同发展能力指数"发布[J].环境经济，2016，（Z6）：
60-64.

[54] 李学鑫，苗长虹.城市群产业结构与分工的测度研究——以中原城市群为例[J].人文
地理，2006，（04）：25-28，122.

[55] 石碧华.长三角城市群产业联动协同转型的机制与对策[J].南京社会科学，2014，
（11）：9-16.

[56] 王婷，芦岩.基于产业分工的城市群不平衡协同发展对策分析[J].改革与战略，2011，
27（9）：41-44.

[57] 贺曲夫，史卫东，胡德.长株潭一体化中行政区划手段和非行政区划手段研究[J].中
国人口·资源与环境，2006，16（1）：108-112.

[58] 马学广，王爱民，李红岩.城镇密集地区地方政府跨域治理研究——以中山市为例[J].
热带地理，2008，28（2）：144-149.

[59] 赵弘.京津冀协同发展愿望清单[J].人民论坛，2014，（13）：41-43.

[60] 曹海军.新区域主义视野下京津冀协同治理及其制度创新[J].天津社会科学，2015，
（2）：68-74.

[61] 李同升，陈宗兴.关于我国新亚欧大陆桥经济带规划与建设的若干思考[J].经济地理，
1997，17（1）：6-10.

[62] 朱惠斌，李贵才.区域联合跨界合作的模式与特征[J].国际城市规划，2015，30（4）：
67-71.

[63] 仇保兴.编制《京津冀城市群协同发展规划》的方法和原则[J].城市发展研究，2015，
22（1）：1-4.

[64] 苏宁，屠启宇.美国大都市连绵区产业协同模式及启示[J].科学发展，2017，（8）：
47-50.

[65] 柳天恩，王素梅，周彬.辽宁沿海经济带发展新模式探析——美国东北沿海产业联动发
展模式启示[J].企业经济，2016，（1）：128-132.

[66] 方创琳，刘海燕.快速城市化进程中的区域剥夺行为与调控路径[J].地理学报，2007，
62（8）：849-860.

[67] 孙久文，原倩.京津冀协同发展战略的比较和演进重点[J].经济社会体制比较，2014，
（5）：1-11.

[68] 王晓巍，温国明，李二玲.黄河与长江两经济带形成的分形比较研究[J].中国软科学，

2008，（12）：77-85.

［69］于涛方，甄峰，吴泓.长江经济带区域结构："核心—边缘"视角［J］.城市规划学刊，2007，（3）：41-48.

［70］陈肖飞，张落成，姚士谋.基于新经济地理学的长三角城市群空间格局及发展因素［J］.地理科学进展，2015，34（2）：229-236.

［71］孙博文，李雪松，张雨迪.武汉城市圈多中心协同发展研究［J］.区域经济评论，2016，（6）：86-91.

［72］沈玉芳，罗余红.长江经济带东中西部地区经济发展不平衡的现状、问题及对策研究［J］.世界地理研究，2000，9（2）：23-30.

［73］靖学青.长江经济带产业转移与区域协调发展研究［J］.求索，2017，（3）：125-130.

［74］陈立泰，李金林，叶长华.长江经济带城市群劳动力市场一体化测度及影响因素——基于劳动力工资视角的分析［J］.华东经济管理，2017，31（3）：5-12.

［75］李小帆，邓宏兵，马静.长江经济带新型城镇化协调性的趋同与差异研究［J］.地理科学进展，2015，34（11）：1419-1429.

［76］谷国锋，解瑯卓.东北三省区域经济增长的趋同性研究［J］.地理科学，2011，31（11）：1307-1312.

［77］覃成林，张华，毛超.区域经济协调发展：概念辨析、判断标准与评价方法［J］.经济体制改革，2011，（4）：34-38.

［78］郑瑞坤，向书坚.经济阻滞、相依效应与长江经济带一体化［J］.当代财经，2016，（2）：14-24.

［79］王士君，吴嫦娥.城市组群及相关概念的界定与辨析［J］.现代城市研究，2008，（3）：6-13.

［80］陈群元，宋玉祥.城市群空间范围的综合界定方法研究——以长株潭城市群为例［J］.地理科学，2010，30（5）：660-666.

［81］高晓路，许泽宁，牛方曲.基于"点—轴系统"理论的城市群边界识别［J］.地理科学进展，2015，34（3）：280-289.

［82］陈睿山，叶超，蔡运龙.区域经济联系测度方法述评［J］.人文地理，2013，28（1）：43-47.

［83］朱英明，姚士谋.国外区域联系研究综述［J］.世界地理研究，2001，10（2）：16-24.

［84］熊剑平，刘承良，袁俊.国外城市群经济联系空间研究进展［J］.世界地理研究，2006，15（1）：63-70.

［85］柳坤，申玉铭.国内外区域空间相互作用研究进展［J］.世界地理研究，2014，23（1）：73-83.

［86］王海江，苗长虹.中国航空联系的网络结构与区域差异［J］.地理科学，2015，35（10）：1220-1229.

［87］Taylor P J，Catalano G，Walker D R F. Exploratory analysis of the world city network［J］. Urban Studies，2002，39（13）：2377-2394.

［88］杨永春，冷炳荣，谭一洺，等.世界城市网络研究理论与方法及其对城市体系研究的启

示 [J]. 地理研究, 2011, 30（6）: 1009-1020.

[89] 赵渺希, 吴康, 刘行健, 等. 城市网络的一种算法及其实证比较 [J]. 地理学报, 2014, 69（2）: 169-183.

[90] 李涛, 周锐. 长三角地区网络腹地划分的关联测度方法比较 [J]. 地理学报, 2016, 71（2）: 236-250.

[91] 顾朝林, 庞海峰. 基于重力模型的中国城市体系空间联系与层域划分 [J]. 地理研究, 2008, 27（1）: 1-12.

[92] 张旭亮, 宁越敏. 长三角城市群城市经济联系及国际化空间发展战略 [J]. 经济地理, 2011, 31（3）: 353-359.

[93] 钟业喜, 冯兴华, 文玉钊. 长江经济带经济网络结构演变及其驱动机制研究 [J]. 地理科学, 2016, 36（1）: 10-19.

[94] 李亚婷, 潘少奇, 苗长虹. 中原经济区县际经济联系网络结构及其演化特征 [J]. 地理研究, 2014, 33（7）: 1239-1250.

[95] 朱英明, 于念文. 沪宁杭城市密集区城市流研究 [J]. 城市规划汇刊, 2002,（1）: 31-33.

[96] 王士君, 宋飏, 冯章献, 等. 东北地区城市群组的格局、过程及城市流强度 [J]. 地理科学, 2011, 31（3）: 287-294.

[97] 宋吉涛, 赵晖, 陆军, 等. 基于投入产出理论的城市群产业空间联系 [J]. 地理科学进展, 2009, 28（6）: 932-943.

[98] 程艳, 龙宇, 徐长乐. 长江经济带物流产业关联度空间差异研究 [J]. 世界地理研究, 2013, 22（1）: 73-82.

[99] 陈守强, 黄金川. 城市群空间发育范围识别方法综述 [J]. 地理科学进展, 2015, 34（3）: 313-320.

[100] 周伟林, 郝前进, 周吉节. 行政区划调整的政治经济学分析——以长江三角洲为例 [J]. 世界经济文汇, 2007,（5）: 82-91.

[101] Mankiw N G. The Macroeconomist as scientist and engineer [J]. Journal of Economic Perspectives, 2006, 20（4）: 29-46.

What is Economic Belt and What is Coordination?Reflection on the Coordinating Development of Economic Belt

Wang Fenglong

（The Center for Modern Chinese City Studies & Institute for Urban Development, East China Normal University, Shanghai 200062, China）

Abstract   Recently, coordinating development of Yangtze River Economic Belt has been considered as one of the major national development strategies and received much scholarly attention. However, existing studies scarcely provide clear definitions of either economic belt or coordinating development. To help narrow this gap, this paper summarizes the concepts and studies related to economic belt or coordinating development and proposes a conceptual framework of economic belt and its coordinating development. It is argued that coordinating development of economic belt is mainly represented as the ordered and self-organized structure of the regional system, convergence of development in different sub-regions, deepening division in industrial chain, enhanced external functions and inter-city connections, and improved coordinating mechanism and regional planning system. This paper further evaluate the applicability of existing indicators of regional difference and regional connection in enumerating level of coordination and proposes a framework to measure the coordinating development of economic belt. The findings of this study have important implications for both academic research on and policy-making in coordinating development of economic belt.

Keywords   Yangtze River Economic Belt; coordination; concept; measurement; framework

新生代农民工的角色认知困境及其反思——基于 CGSS2010 数据

罗　峰　宋艳姣

摘　要　随着新生代农民工群体的不断发展壮大，其体现出来的不同于其他社会群体的各种特征及其面临的困境，都越来越受到社会各界的重视。笔者认为，社会角色是分析其面临的社会困境的一个重要视角。通过 CGSS2010 的相关数据分析可以发现，相对于老一辈农民工、城市居民及农村留守群体，新生代农民工存在着价值多元、保障缺乏及认同矛盾三个方面的角色差异。因此，应当把有效的角色建设作为解决其社会困境的重要手段。

关键词　新生代农民工；社会角色；CGSS2010；角色建设

1　研究背景与问题提出

新生代农民工的提法，最早来源于 2010 年 1 月 31 日国务院发布的 2010 年中央一号文件《关于加大统筹城乡发展力度　进一步夯实农业农村发展基础的若干意见》中，文件还要求采取有针对性的措施，着力解决新生代农民工问题。至此新生代农民工的概念开始正式走进大众的视野，其面临的相关社会问题也逐步受到各界的重视。

当前对于新生代农民工的定义比较复杂，暂时还没有统一的定义。正如李培林和田丰所言，对于农民工的代际划分，除了结构逻辑之外（指农民工在社会结构中所处的位置），必须考虑到其历史逻辑，即按照时间将农民工分为老一辈

作者简介：罗峰（1987—），男，华东师范大学中国现代城市研究中心 / 城市发展研究院，博士、助理研究员。
宋艳姣（1986—），女，华东师范大学中国现代城市研究中心 / 城市发展研究院，博士、助理研究员。
基金项目：上海市哲学社会科学规划青年课题（2016ESH001）。

农民工和新生代农民工[1]。具体的代际划分的标准主要有两个，即"年龄"和"初次外出打工的时间"，例如，《全国总工会关于新生代农民工问题的研究报告》中对新生代农民工的定义为出生于 20 世纪 80 年代以后，年龄在 16 岁以上，在异地以非农就业为主的农业户籍人口[2]。而简新华则以初次外出打工时间为标准，将 20 世纪 80 年代初次外出打工的农民工作为第一代，90 年代初次外出打工的农民工作为第二代[3]。本文中"新生代农民工"则大致沿用了唐踔的界定，指的是"在 20 世纪 80 年代以后也就是改革开放以来出生、成长于农村，并且于90 年代以后，进城务工的农业转移人口"[4]。

根据国家统计局公布的《2016 年全国农民工监测调查报告》，1980 年及以后出生的新生代农民工已逐渐成为农民工的主体，占全国农民工总量的 49.7%，2016 年，全国农民工总量为 2.81 亿人左右，其中 30 岁以下的新生代农民工占农民工总数的 31.9%[5]。因此，作为当前农民工（尤其是外出农民工）的主体之一，新生代农民工的发展诉求需要社会予以回应，解决好新生代农民工在现实工作和生活中所面临的困境是一个关系到推进城乡二元体制改革的关键性问题，也是改善民生、遏制城乡差距扩大、促进社会和谐稳定的一个关键性的问题，具有十分重大的现实意义。

2 社会角色：一种新生代农民工困境的分析视角

新生代农民工在生存和发展过程中面临的各种困境和社会问题，引起了各界的广泛关注，当前针对新生代农民工所面临的各种具体问题的研究已经非常丰富。而对于这些问题，学界存在两种较为清晰的分析线路。

第一种通过与社会学理论的对话，从中寻觅发现显示问题的线索。例如，张积良从社会资源的角度出发，发现了新生代农民工在社会资源获取上的不利地位而导致的贫困代际传递问题[6]。黄斌欢则通过嵌入性视角的考察发现了新生代农民工呈现同时脱嵌于乡村与城市社会的特点，进而指出双重脱嵌下的新生代农民工处于持续不断的流动与漂泊状态，从而使得自为意义上的阶级形成面临重重困境[7]。肖云和邓睿将"内卷化"概念带入了新生代农民工的分析之中，得出其在城市社区融入的过程中存在"内卷化"现状：人际关系的"内卷化"使其社区交往半径较短；诉求渠道的"内卷化"导致其社区信任度缺失；日常活动的"内卷化"使其社区参与意识淡薄；身份认同的"内卷化"使其自我定位模糊[8]。熊光清则通过社会排斥理论，具体分析了新生代农民工群体作为社会边缘群体的生存生活状态[9]。

第二种则立足于现实调查或者数据分析，列举新生代农民工所面临的全部问题，以期对其进行逐一解决。例如，2010 年的《全国总工会关于新生代农民工问题的研究报告》就将这种城市针对农民工的"经济接纳，社会拒入"情况列举为工资收入水平较低、务工地房价居高不下、受户籍制度制约、职业选择迷茫等六个方面的问题[2]。丁静的研究则将新生代农民工的困境归纳为就业困境、收入困境、教育困境、居住困境、养老困境、维权困境等[10]。王玉峰从市民化的角度出发，得出了当前新生代农民工所面临的突出问题：就业与培训问题、居住问题、社会保障问题、子女教育问题，以及在城市的融入过程中产生的文化冲突等问题[11]。

实际上，由于新生代农民工本身存在的问题之间存在着内部的联系，往往是牵一发而动全身，不可能将问题割裂逐一进行解决，关键是挖掘其问题背后存在的客观联系，以期得到问题的整体解决，因此对新生代农民工问题的分析应该采用整体的分析视角，以把握其内在联系。因为，新生代农民工的社会困境问题不仅仅是由其客观现状所决定的，更在一定程度上取决于其所选择的参照群体。因此，笔者认为社会角色的相关理论为分析当前新生代农民工的困境提供了一个相对合适且完整的视角。一般认为社会角色是指人们的某种社会地位、与身份相一致的一整套权利、义务的规范和行为模式，它是人们对具有特定身份的人的行为期望，它构成了社会群体或组织的基础[12]。对于具体社会群体的角色而言，外在的角色期待和内在的角色领悟共同构成了其完整的角色规范体系，而当某个社会角色的外部期待和内部领悟发生冲突之时，则会导致社会矛盾。相对于其他相对稳定的社会群体而言，新生代农民工当前面临的困境，也正是由其特定的社会角色所面临的外部期待及内部领悟之间的冲突而所造成的。也就是说，其角色的特殊性，导致其与其他社会群体之间存在着较大的角色认同差异性，这种差异性的存在，不但是新生代农民工区别于其他类似社会群体的重要特征，更是其社会困境存在的主要根源。而这种由于差异性导致的问题，正是值得我们进行深入研究之处，也构成了解决新生代农民工问题的具体工作方向。

3 新生代农民工困境分析——基于 CGSS2010

正如前文所言，新生代农民工的主要问题是由与其类似社会群体之间的角色差异性所决定的，那么具体分析其类似群体及其差异性就毫无疑问地成为关键所在。从前文对新生代农民工的定义可以看出，新生代农民工的身份标签主要可以分解为代际上属于"新生代"、身份属于"农民"和职业为"工业"（或者第三产业，区别于农业而存在），属于三位一体的身份特征。而将其与其他相应身份的社会群体进行对照，可以得出相应参照的类似群体是：代际上区别于老一辈农民工（即第一代农民工）、身份上区别于城市居民和职业上区别于农村留守群体。因此，本文将通过 2010 年中国综合社会调查（China general social survey，CGSS）数据的具体分析，将新生代农民工的角色特征与上述三个群体进行比较，从而得出其所面临的具体社会困境。

3.1 基本信息的角色差异

CGSS2010 的数据共有初始样本 11 783 个。通过有效样本筛选，最后得出农村留守群体样本 4141 个，城市居民样本 5713 个，农民工样本 709 个，其中新生代农民工样本为 247 个，老一辈农民工样本数为 462 个[①]。从分析的数据可以发现，新生代农民工和老一辈农民工、农村留守群体及城市居民之间在群体的基本特征方面就表现出了极大的差异性（表 1）。新生代农民工的年收入略高于老一辈农民工，但是距离城市居民还有明显差距。从性别结构比例来看，新生代农民工中女性比例显著增加，男女比例分别为 58.30% 和 41.70%，尽管仍然低于城市居民接近一比一的比例，但是相对于老一辈农民工 68.83% 和 31.17% 的比例而言已经显得合理了很多。新生代农民工的受教育程度相对于老一辈农民工和农村留守群体而言，也显著提升。可以说，在国家九年义务教育制度的推广下，尽管新生代农民工整体受教育程度还落后于城市居民，但是教育程度结构在小学及以下的比例（14.17%）已经低于城市居民（17.43%）。从城市 / 农村基本养老保险参与率来看，新生代农民工参保的比例为 20.34%，不仅低于城市居民的 66.11%，甚至还低于老一辈农民工和农村留守群体，这说明作为流动人口的新生代农民工的社会保障还有待继续加强。

表 1　四大群体基本信息的角色差异

项目	角色特征	新生代农民工	老一辈农民工	城市居民	农村留守群体
性别结构比例 /%	男	58.30	68.83	48.92	46.92
	女	41.70	31.17	51.08	53.08

---

① 本文选择 CGSS2010，而非时效性更强的 CGSS2013 及 CGSS2015 的数据进行分析，其主要原因在于本文的问题——城市定居及返乡意愿——在 CGSS2013 及 CGSS2015 的数据中无法得到相关的呈现。同时经过比较分析 CGSS2010 与 CGSS2013 及 CGSS2015 的相关数据，本文研究的四大群体基本信息并无显著差异。

续表

项目	角色特征	新生代农民工	老一辈农民工	城市居民	农村留守群体
教育程度结构比例 /%	小学及以下	14.17	38.10	17.43	60.08
	初中	53.85	48.70	24.92	31.41
	高中（职业高中、普通高中、中专、技校）	21.46	12.34	28.58	7.69
	大学及以上	10.53	0.87	29.07	0.82
政治面貌结构比例 /%	共产党员	2.83	5.64	20.08	5.75
	民主党派	0.00	0.00	0.16	0.00
	共青团员	16.19	1.30	5.91	1.79
	群众	80.97	93.06	73.85	92.46
城市 / 农村基本养老保险参与率 /%	参加	20.34	27.90	66.11	26.00
	未参加	79.66	72.10	33.89	74.00
年收入 / 元		18 894.70	16 942.66	28 619.34	8 168.93

注：由于数据精确到小数点后 2 位，所以部分统计量总和可能不为 100%

3.2　社会认知的角色差异

在社会认知上，本文分析的四个群体也存在较大的角色差异（表 2）。从对于社会公平的认知而言，新生代农民工在四个群体中处于最低水平，认为完全不公平和比较不公平的比例均排列榜首，总计高达 44.54%。与此类似的，其对于收入公平的认知也要相对低于老一辈农民工和农村留守群体，认为公平和比较公平的比例分别为 13.47% 和 17.14%，比较接近城市居民。而幸福感则处于四个群体中的较高水平，比较幸福和完全幸福的比例合计为 73.58%，仅次于城市居民的 75.16%。从社会阶层认同来看，新生代农民工也表现出了高于老一辈农民工和农村留守群体的特质，较偏向于城市居民，尤其在"您认为您 10 年后将在哪个等级上"的问题中平均得分为 5.92，远高于其他三个群体，表现出了对于未来的乐观期待。

表 2　四大群体社会认知的角色差异

项目	角色特征	新生代农民工	老一辈农民工	城市居民	农村留守群体
公平认知 /%	完全不公平	11.34	11.33	10.02	7.12
	比较不公平	33.20	29.88	31.12	23.00
	居中	25.10	27.23	25.47	22.37
	比较公平	26.32	37.59	29.92	39.24
	完全公平	4.05	5.30	3.47	8.28

续表

项目	角色特征	新生代农民工	老一辈农民工	城市居民	农村留守群体
幸福感 /%	很不幸福	0.41	1.52	1.49	3.02
	比较不幸福	8.94	9.52	6.54	8.82
	居于幸福与不幸福之间	17.07	17.53	16.81	18.82
	比较幸福	54.07	55.41	58.07	54.39
	完全幸福	19.51	16.02	17.09	14.96
阶级认同（0～10 个等级）（平均得分）	您认为您自己目前在哪个等级上	4.06	3.85	4.26	3.77
	您认为您 10 年前在哪个等级上	3.15	2.99	3.83	2.83
	您认为您 10 年后将在哪个等级上	5.92	4.93	5.11	4.72
收入公平认知 /%	不公平	15.51	13.70	20.09	14.74
	不太公平	18.37	17.61	22.06	20.48
	一般	35.51	27.83	30.60	30.05
	比较公平	17.14	25.43	17.95	21.10
	公平	13.47	15.43	9.30	13.62

注：由于数据精确到小数点后 2 位，所以部分统计量总和可能不为 100%

3.3 城乡态度及社区认同的角色差异

新生代农民工在对待城乡迁移定居的态度上，也和老一辈农民工和农村留守群体等存在较大差异（表 3）。具体而言，计划或者已经在城镇定居的比例分别为 31.97% 和 18.85%，"未来 5 年计划在城镇建房或购房"和"已经在城镇建房或购房"的比例分别为 32.11% 和 14.63%，都远高于老一辈农民工和农村留守群体。在返乡意愿上，"未来返乡可能性不大"和"不确定"的比例分别为 34.84% 和 30.33%，也表现出了远低于老一辈农民工的特质。

表 3 三大群体城乡态度的角色差异 （单位：%）

角色特征		新生代农民工	老一辈农民工	农村留守群体
计划到城镇定居	是	31.97	19.57	7.52
	否	49.18	62.61	85.64
	已经在城镇定居	18.85	17.83	6.84

续表

角色特征		新生代农民工	老一辈农民工	农村留守群体
未来5年计划在城镇建房或购房	是	32.11	15.62	6.60
	否	53.25	71.58	86.96
	已经在城镇建房或购房	14.63	12.80	6.43
返乡意愿	未来返乡可能性很大	34.84	58.85	
	未来返乡可能性不大	34.84	22.79	
	不确定	30.33	18.36	

在具体的社区认同中，新生代农民工表现出了较为明显的流动性和新生代特质（表4）。在"如果你住的社区或村庄有玩耍的孩子在破坏花木或公共物品，你是否会阻止他们"的问题中，新生代农民工回答"肯定会"的比例为69.23%，远低于其他群体。在"你可以顺利地从邻居家借到扳手、螺丝刀之类的工具"的问题中，新生代农民工回答"完全可以"的比例为74.49%，高于城市居民，而低于老一辈农民工和农村留守群体。在"近三年，是否在居（村）委会的换届选举中投票"的问题中，新生代农民工回答"投过票"的比例仅为23.98%，远低于其他三个群体，甚至不到老一辈农民工比例的一半。综合来看，这说明新生代农民工还处于既不愿意回到农村，又缺乏城市社区认同的阶段。

表4　四大群体社区认同的角色差异　　（单位：%）

角色特征		新生代农民工	老一辈农民工	城市居民	农村留守群体
如果你住的社区或村庄有玩耍的孩子在破坏花木或公共物品，你是否会阻止他们	不会	5.67	3.48	4.60	4.80
	不一定	25.10	15.22	20.14	13.05
	肯定会	69.23	81.30	75.26	82.15
你可以顺利地从邻居家借到扳手、螺丝刀之类的工具	完全不可以	3.24	3.92	3.32	1.31
	基本上可以	22.27	17.65	28.11	11.48
	完全可以	74.49	78.43	68.57	87.21
近三年，是否在居（村）委会的换届选举中投票	投过票	23.98	50.98	37.31	46.92
	没有投过票	76.02	49.02	62.69	53.08

3.4　闲暇生活的角色差异

在闲暇生活方面，新生代农民工和其他三个群体之间也存在着一定的角色差异性，总体上偏向城市居民（表5）。具体而言，在具备一定社交属性的"逛街"

"与不住在一起的亲戚聚会""与朋友聚会"等问题中，新生代农民工总体上显示出了远高于老一辈农民工及农村留守群体的参与频率，而与城市居民较为接近。尤其是在"逛街"这一充分体现城市生活的习惯上，基本上已经和城市居民相差无几。而在日常闲暇生活的主要活动——"出去看电影""读书""在家听音乐""上网"——的参与频率上，新生代农民工也保持了与城市居民较高的一致性。以"上网"为例，新生代农民工的参与频率分别为 24.90%（每天）、20.00%（一周数次）、21.22%（一月数次）、5.31%（一年数次或更少）及 28.57%（从不），甚至已经在一定程度上超越了城市居民。

表 5　四大群体闲暇生活的角色差异　　　　　　　（单位：%）

项目	新生代农民工					老一辈农民工				
	每天	一周数次	一月数次	一年数次或更少	从不	每天	一周数次	一月数次	一年数次或更少	从不
出去看电影	0.00	0.82	4.92	24.59	69.67	0.65	0.44	0.65	15.03	83.22
逛街	7.29	19.03	36.44	25.91	11.34	2.82	14.32	24.30	39.05	19.52
读书	8.20	13.93	15.16	25.41	37.30	5.02	6.99	8.73	22.05	57.21
与不住在一起的亲戚聚会	0.00	8.50	18.22	63.97	9.31	0.43	3.90	13.42	72.51	9.74
与朋友聚会	2.86	17.14	32.65	38.37	8.98	1.53	6.54	24.62	47.49	19.83
在家听音乐	23.67	24.90	10.61	13.47	27.35	8.33	10.75	11.40	14.91	54.61
上网	24.90	20.00	21.22	5.31	28.57	5.66	5.66	5.45	3.05	80.17

项目	农村留守群体					城市居民				
	每天	一周数次	一月数次	一年数次或更少	从不	每天	一周数次	一月数次	一年数次或更少	从不
出去看电影	0.29	0.17	0.87	8.46	90.20	0.21	0.76	5.42	28.60	65.00
逛街	3.20	11.40	25.80	32.85	26.75	8.12	18.54	32.04	28.98	12.32
读书	2.94	3.60	6.12	14.41	72.93	14.14	15.04	16.54	23.67	30.62
与不住在一起的亲戚聚会	0.36	2.40	12.96	69.10	15.19	0.65	6.56	23.69	60.69	8.41
与朋友聚会	2.08	5.70	13.90	47.43	30.89	1.97	11.18	30.20	43.31	13.33
在家听音乐	4.38	9.15	6.99	10.06	69.43	13.90	19.24	15.38	18.10	33.38
上网	2.88	2.37	1.94	2.25	90.56	26.92	12.05	6.34	4.96	49.73

注：由于数据精确到小数点后 2 位，所以部分统计量总和可能不为 100%

4 角色差异——新生代农民工困境成因及其后果

从上述的数据分析可以看出，当前，新生代农民工已经在社会角色上表现出了不同于老一辈农民工、城市居民及农村留守群体等参照群体的特点，均存在较为显著的差异，因此，有必要通过角色差异的视角来进一步分析其成因及后果，以期为后续问题的解决提供思路。

4.1 以老一辈农民工为参照系："我是新生代"

随着城市农民工群体内部代际分化的已然形成，新生代农民工表现出了明显的"新生代"差异，其角色冲突就直接体现为：社会对其角色期待还停留于等同于"老一辈"，而其已然自我领悟为"新生代"。与改革开放之初进入城市打工的老一辈农民工相比，其追求城市生活的动机更加强烈、素质更高、更具市场竞争意识。多项调查表明，新生代农民工与老一辈农民工在价值诉求上有很大的差别：老一辈农民工由于与农村生活境况相比较，对于城市中的社会不公平往往具有较高的认可度或忍耐力；新生代农民工文化程度普遍提高，具有较强的公平意识、法律意识和公民意识，一般是从学校直接到打工经商，没有务农的经历，他们对于生活满意度的参照群体主要是流入地的市民，而非流出地的农民，对生活的满足感低于老一辈农民工。同时，与市民的生活水平、地位及差距，使他们产生更多的被歧视感和被剥夺感，强烈要求享有与市民同等的权利。因此，新生代农民工面对不平等缺乏忍耐性，若这种需求得不到回应往往会采取比较激烈的对抗性行为，直接或间接地表达他们的不满。"社会理性"和"追求自我实现"等新生代的价值观念则很好地解释了新生代农民工流动的动因，尽管他们在城市生活中屡屡受挫、对现状的满意程度低，但仍希望继续留在城市，成为城市中的一员。可见，这是一个比老一辈农民工更充满着自我矛盾的群体，其价值诉求远远比老一辈农民工更为丰富和多元。

4.2 以城市居民为参照系："我想和市民一样"

对于新生代农民工而言，市民化的根本意义在于能够享受"和市民一样"的待遇，这是其出于内在角色领悟所提出的要求，但是却和现有的排斥性社会政策所造成的角色期待存在矛盾，社会要求其保持农民身份的角色期待已经引起了新生代农民工强烈反感。研究表明，新生代农民工在生活习惯、文化习俗、就业取向、价值目标等方面更接近于市民，尽管身份并没有得到彻底改变，但是他们比老一辈农民工更多了自主和自觉意识，具有强烈的市民化意愿，更愿意成为市民[13]。实际上新生代农民工的问题在很大程度上就是其城市居民的社会属性的形成，也就是常说的"市民化"问题。而这种问题的实质并不简单地是一个市民身份的问题，而是新生代农民工对于城市居民义务的履行与城市居民权利的相对剥夺之间的矛盾。相对于城市居民而言，新生代农民工在社会福利与保障上的差别具体体现在以下方面：首先，工作地位的不平等，农民工与城镇职工在住房条件或补贴、在职培训或进修、工资福利等方面存在明显差异，已基本实现"应保尽保"的城镇"低保"网并不能对农民工进行有效的保障；其次，新生代农民工长期游离于城市医疗卫生保障体系之外，农民工医疗保险权益的缺失，致使其在就业方面存在相当的风险甚至导致很多刚脱贫或已走上小康之路的农民工"因病返贫""因病致贫"[14]；最后，受户籍制度制约，以随迁子女教育和社会保障为主的基本公共需求难以得到满足。随着新生代农民工进入城市的规模越来越大，如果他们长期不能迈过市民化这道门槛，与市民享受平等的、应有的社会福利与保障，那么这种矛盾积累到一定时期、发展到一定程度将会引发较为严重的社会问题。

4.3　以农村留守群体为参照系："我是谁？"

与农村留守群体相比，新生代农民工面临的最大角色困境在于自我认同的混乱，社会对其的角色期待不够明晰，而其群体的自我角色领悟则更显混乱。在体制隔离的制度背景下，我国农民工的流动则面临着这样一个现实：制度安排的惯性使那些改变了生活场所和职业的农民仍然游离于城市体制之外，他们虽常年外出，但又"移而不迁"；虽进入城市，加入产业工人的队伍之中，但又不被城市社会所认同，仍保留着制度限定的农民身份，造成了城市外来人口的生活地缘边界、工作职业边界与社会网络边界的背离，使得大量的农村人口在城市里处于非城非乡、进退失据的尴尬状态，使他们处于一种"双重边缘人"的状态[15]。李强认为，与未流出的农民相比，在农民工所流出的农村社区，他们大多是典型的精英群体，他们的个人素质具有明显的优势，他们中的有些人，甚至具有比一些城市下岗工人还要强的人力资本，成为农民工群体中的"底层精英"[16]。然而，与农村留守务农青年相比，新生代农民工早早离家外出打工的生活经历，使他们无法再认同农村的社会和生活，也不愿再回到农村。他们被边缘化的最恶劣后果，就是青年农民工群体的成员陷入身份认同混乱的境地，从而使他们的权利与义务关系相背离。身份是与社会位置相一致的权利、责任和社会预期等一系列因素的集合。这一切导致新生代农民工不禁要发问："我是谁？"身份认同的混乱正是这个无所适从问题背后的深层次逻辑。

综上所述，新生代农民工的具体困境如图1所示：第一，代际差异，相对于老一辈农民工有着更为丰富的价值诉求；第二，身份差异，相对于城市居民存在着社会保障上的不足；第三，职业差异，相对于农村留守群体存在着身份认同上的矛盾。正是这三个问题构成了当前新生代农民工的问题的根源。

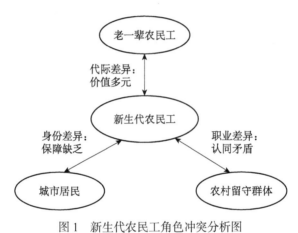

图1　新生代农民工角色冲突分析图

5　角色建设——新生代农民工困境的解决之道

当某个社会群体在角色实践的过程中，遇到很多曾经料想不到的困难、挫折或者新情况时，往往不得不随机应变地创造出一些过去为这一角色所不具有的行为规范，甚至是重新构建出一个完整的新的社会角色。而要解决当前新生代农民工所面临的困境，针对这种全新的社会角色所形成的一套系统性的角色建设，也许正是一条可行之途。

5.1　提升新生代农民工自身的角色实践能力

对于新生代农民工而言，要顺利实现当前困境的破解，自身角色实践能力的提升无疑是最为关键的因素所在，而要实现这种提升，则必须从增强角色领悟能力和角色扮演能力两个方面入手。

首先，要增强新生代农民工的角色领悟能力。角色领悟实际上是社会群体对于外部赋予特定角色的期望及由此形成的文化模式的一种自我理解和个体内化。只有具备了对理想角色的把握能力，才能明确角色扮演的目标；只有具备了对角色规范的理解能力，才能契合角色扮演的要求[17]。因此，有必要改变以往的行政思维方式，进一步强化与新生代农民工之间的沟通，帮助其树立正确的角色领悟。

其次，要增强新生代农民工的角色扮演能力。角色扮演是指按照自身的角色领悟践行自身角色行为的过程，是一个将自身对理想角色的领悟通过具体的角色行为外化的过程。只有具备了对自身角色扮演的反思能力，才能找出角色扮演的差距。对于新生代农民工而言，这种扮演的能力则意味着其群体整体素质的全面提升。第一，通过人力资本培育提升新生代农民工的文化技术素质，以增强其新时代工人角色的扮演能力；第二，通过各种平台帮助其提高城市生活和发展的能力，以促使其能够顺利地实践自我对于"城市居民"的内在发展诉求；第三，提升新生代农民工的文明素质和法律水平，帮助其养成健康文明的生活方式和实现各项权益的合法保障，为其找准角色定位打下坚实基础。

5.2　校正社会外部环境的角色期望目标

对于新生代农民工而言，要顺利实现当前困境的破解，除了自身角色实践能力的提升之外，集全社会之力为其营造一个角色实践的有利空间也是不可或缺的，这种外部空间最重要的就在于校正现有的针对新生代农民工的角色期待，使之更适合新生代农民工的发展，这也是社会对于新生代农民工的责任所在。

首先，必须正视新生代农民工的正确合理的自我角色领悟。对于新生代农民工内在的"城市居民"的角色领悟，不应该一味地打压，而应该正视其合理要求，积极稳健地通过宏观体制改革与相关的制度创新等各种途径为其"市民化"提供各种有利的帮助，使之真正地摆脱城乡边缘状态，逐渐走向和融入城市主流社会。

其次，构建新生代农民工角色领悟顺利表达的途径。对于新生代农民工而言，其角色的自我领悟与角色的外部期待之间的矛盾不仅表现于两者存在巨大的差异性，更体现为表达途径的不通畅，也就是说新生代农民工面临着相对的"失声"境地，因此，不能仅仅满足于当前的以学者为其"代言"的局面，有必要通过各种途径帮助其扩大社会影响力，正确表达他们的角色领悟，只有这样才能找出角色领悟与期待之间的差异，从而为解决两者之间的矛盾奠定基础。

最后，正确引导新生代农民工摆脱失范的角色领悟。必须承认的是，当前新生代农民工的很多自我角色领悟及其诉求也并不完全合理，这些不合理的诉求也导致了一定的行为偏差，甚至是犯罪行为。因此，有必要通过各种手段推广普及相关法律知识，增强农民工的遵纪守法意识，在构建起角色领悟表达的基础上，引导其树立正确的角色领悟。同时，应该加强针对已然产生失范心理和行为的新生代农民工的社会矫治工作，促使其走上正确的角色领悟道路。

参考文献

［1］李培林，田丰.中国新生代农民工：社会态度和行为选择［J］.社会，2011，31（3）：1-23.

［2］全国总工会新生代农民工问题课题组.全国总工会关于新生代农民工问题的研究报告［N］.工人日报，2010-06-21，第4版.

［3］简新华.中国工业化和城市化过程中的农民工问题研究［M］.北京：人民出版社，2008.

［4］唐踔.对我国新生代农民工市民化问题的探析［J］.前沿，2010，（11）：116-121.

［5］国家统计局.2016年全国农民工监测调查报告［OL］.http://www.stats.gov.cn/tjsj/zxfb/201704/t20170428_1489334.html［2017-04-28］.

［6］张积良.扭转"新生代农民工"贫困代际传递趋势的思路与对策［J］.新疆社会科学，2016，（1）：142-148.

［7］黄斌欢.双重脱嵌与新生代农民工的阶级形成［J］.社会学研究，2014，（2）：170-188.

［8］肖云，邓睿.新生代农民工城市社区融入困境分析［J］.华南农业大学学报（社会科学版），2015，（01）：36-45.

［9］熊光清.新生代农民工社会排斥问题分析——基于五省市的实地调查［J］.学习与探索，2014，（6）：39-45.

［10］丁静.新生代农民工的困境及破解之策［J］.中国劳动关系学院学报，2015，（3）：55-59.

［11］王玉峰.新生代农民工市民化的现实困境与政策分析［J］.江淮论坛，2015，270（2）：132-140.

［12］郑杭生.社会学概论新修［M］.北京：中国人民大学出版社，2003.

［13］刘传江，程建林.我国农民工的代际差异与市民化［J］.经济纵横，2007，（7）：18-21.

［14］林冰.农民工社会保障制度探析［J］.新财经（理论版），2010，（6）：60-61.

［15］陈星博.结构挤压与角色错位——社会转型期我国城市青年农民工群体中"问题化"倾

向研究 [J]. 改革，2003，（4）：105-110.

[16] 李强. 给 "底层精英" 以上升通道 [J]. 中国社会导刊，2001，（12）：9.

[17] 杨威. 思想政治教育者角色建设的社会学分析 [J]. 思想理论教育，2013，（3）：40-44.

The Role Cognition Dilemma and Reflection of the New Generation of Migrant Workers—Based on data from CGSS2010

Luo Feng，Song Yanjiao

（The Center for Modern Chinese City Studies & Institute for Urban Development，East China Normal University，Shanghai 200062，China）

Abstract　With the continuous development of the new generation of migrant workers，their characteristics and difficulties，which are different from other social groups，have been paid more and more attention by all walks of life. The author believes that social role is an important perspective to analyze the social predicament faced by them. Through the analysis of the relevant data of CGSS2010，we can find that the new generation of migrant workers have three different roles，such as value pluralism，lack of security and identity contradiction，compared with the older generation of migrant workers，urban residents and rural left-behind groups. Therefore，effective role building should be an effective way to solve its social dilemmas.

Keywords　new generation of migrant workers；social role；CGSS2010；role building

培育和发展住房租赁市场的
配套制度研究

石庆玲　郭　峰

摘　要　房价高企是当前我国亟待解决的社会问题，而规范和发展住房租赁市场对贯彻党的十九大报告提出的"坚持房子是用来住的、不是用来炒的定位"意义重大。为此，国家近年来出台一系列住房租赁市场新政，明确将住房租赁市场作为我国住房供应体系的重要组成部分。本文紧跟政府政策变动，梳理近期各地住房租赁新政的亮点和不足，剖析我国住房租赁市场发展中面临的问题和障碍，在总结国外住房租赁市场发展的经验基础上，提出我国培育和发展住房租赁市场的一些政策建议。本文认为，我国住房租赁市场的培育和发展亟须立法、专业租赁机构培育、租购同权、土地供应等相关配套制度的出台。

关键词　住房租赁市场；租购并举；租购同权；房地产

1　引言

改革开放以来，房地产产业在整个国民经济增长中发挥着举足轻重的作用，也是地方政府的重要财政收入来源[1]。但是，在经济发展中，地方政府往往过分倚重房地产经济，因而导致房地产市场过热、房价上涨过快，甚至出现房地产泡沫。房价过快上涨产生抑制企业创新[2]、影响企业和地区竞争力[3]，乃至影响社会和谐[4]等一系列社会问题。而且根据郭峰和洪占卿的研究，虽然倚重房地产经济有助于地方的经济增长，但会让地方经济变得更加脆弱，难以抵御危机

作者简介：石庆玲（1989—），女，华东师范大学中国现代城市研究中心／城市发展研究院，讲师、晨晖学者，研究方向为资源环境经济学、应用微观计量经济学。郭峰（1984—），男，上海财经大学公共经济与管理学院，副教授，研究方向为政治经济学、金融学和文献计量学等。

的冲击[5]。

房价上涨过快的一个重要原因是房屋在满足居住需求的价值之外，被人们赋予了很多其他方面的价值，因此如果要从根本上解决房价上涨过快的问题，必须从剥离房屋居住价值之外的其他价值做起，国家推动培育和发展租赁市场的目的就在于此。随着城镇化的推进，作为住房市场重要组成部分的住房租赁市场，逐步成为解决城镇居民，尤其是乡村转移人口居住问题的重要途径，这一点在外来人口较多的城市表现尤为突出。住房租赁可以以低成本解决城镇居民居住问题，有助于缓解房地产市场供需失衡和推进新型城镇化。住房租赁市场的发展也有利于优化住房供应体系，优化城镇居民消费结构和住房消费行为，对经济社会的持续健康发展有着十分重要的作用。

然而与经济社会发展的要求相比，我国住房租赁市场的发展却相对滞后，存在不少矛盾和问题。而且，在大多数城市，租赁住房与购买住房相比，可获得的基本公共服务还有很大差异，租房者难以享受和产权人同等的城市公共服务。为此，为了培育和发展住房租赁市场，维持房地产市场长期可持续发展，国家近年来先后出台了多项关于住房租赁市场的政策文件。特别是自2017年以来，全国各重点城市也密集出台了一批租赁住房新政，动作之快、力度之大，前所未有。这些政策在贯彻党的十九大报告提出的"坚持房子是用来住的、不是用来炒的定位"上发挥了重要作用，但仍然存在落地难、推动慢等问题。本文将通过剖析中央有关部委和重点城市的相关政策要点，分析其亮点和不足之处，并结合国外住房租赁市场较为成熟的经验，提出我们关于培育和发展住房租赁市场所需要的配套制度的政策建议。

2 中国各地住房租赁市场新政分析

2.1 中央住房租赁市场新政要点解析

为解决我国住房租赁市场供应主体发育不充分、市场秩序不规范、法规制度不完善等问题，中央多个部委自2015年1月起，出台了多项政策法规，对加快培育我国住房租赁市场给予了大力支持。2015年1月，住房和城乡建设部率先出台了《关于加快培育和发展住房租赁市场的指导意见》（建房〔2015〕4号），明确将住房租赁市场作为我国住房供应体系的重要组成部分。《关于加快培育和发展住房租赁市场的指导意见》提出要积极培育经营住房租赁的机构、支持房地产开发企业将其持有房源向社会出租、积极推进房地产投资信托基金（REITs）试点、支持从租赁市场筹集公共租赁房源等重大措施。这些措施不仅是促进合理住房消费和降低新房库存的重大创新，也是完善房地产行业长效机制和优化我国住房结构体系的重要环节，更是房地产市场未来发展的一个风向标，标志着房地产市场只售不租、多售少租的局面将发生改变，部分房源转化为租赁房，将带动房地产市场向租购并举方向发展。

此后，2016年6月，国务院办公厅出台《关于加快培育和发展住房租赁市场的若干意见》（国办发〔2016〕39号）（简称39号文），将购租并举、培育和发展住房租赁市场作为深化住房制度改革的重要内容，推动城镇居民住有所居。2017年7月18日，住房和城乡建设部会同国家发展和改革委员会、公安部、财政部、国土资源部、中国人民银行、国家税务总局、国家工商行政管理总局、中国证券监督管理委员会联合印发《关于在人口净流入的大中城市加快发展住房租赁市场的通知》（建房〔2017〕153号），要求进一步加快推进培育和发展住房租赁市场相关工作，并选取广州、深圳、南京、杭州、厦门、武汉、成都、沈阳、合肥、郑州、佛山、肇庆12个城市作为首批开展住房租赁试点的单位。2017年10月18日，习近平同志在党的十九大报告中强调，"坚持房子是用来住的、不是用来炒的定位"，并提出要"建立多主体供给、多渠道保障、租购并举的住房制度，让全体人民住有所居"。党的十九大报告是当前住房制度改革和房地产市场发展的重要纲领性文件。目前，加快发展长期稳定的住房租赁市场，构建租购并举的住房制度已经确立。

39号文对培育和发展住房租赁市场做出了十分全面的规定，也是各城市重点学习和领会的重要文件。该文将租购并举、培育和发展住房租赁市场作为深化住房制度改革的重要内容，推动城镇居民住有所居。要求到2020年，基本形成供应主体多元、经营服务规范、租赁关系稳定的住房租赁市场体系，基本形成保基本、促公平、可持续的公共租赁住房保障体系。39号文是落实十八届三中全会《中共中央关于全面深化改革若干重大问题的决定》关于"推进农业转移人口市民化"，以及"十三五"规划建立"购租并举"[①]、满足新市民住房需求为主体的住房新制度的重要内容。该文件明确了税收、金融和土地等一揽子住房租赁市场扶持政策措施，着力解决目前我国住房租赁市场存在的市场供应主体发育不充

①　"十三五"规划中提到"完善购租并举的住房制度"，但党的十九大报告中提出"加快建立多主体供给、多渠道保障、租购并举的住房制度"，因此本文观点用词为"租购并举"。

分、市场秩序不规范、法规制度不完善等问题。具体而言，39 号文从六个方面提出了培育和发展住房租赁市场的具体政策措施（表 1）。

表 1 《关于加快培育和发展住房租赁市场的若干意见》主要内容

政策要求	主要内容
培育市场供应主体	发展住房租赁企业，提高住房租赁企业规模化、集约化、专业化水平。鼓励房地产开发企业开展住房租赁业务，规范住房租赁中介机构，支持和规范个人出租住房
鼓励住房租赁消费	完善住房租赁支持政策，保障承租人依法享受基本公共服务，引导城镇居民通过租赁解决居住问题。落实提取住房公积金支付房租政策。明确各方权利义务，保护承租人和出租人合法权益
完善公共租赁住房	推进公租房货币化，提高公租房运营保障能力。在城镇稳定就业的外来务工人员、新就业大学生和青年医生、青年教师等专业技术人员，凡符合条件的应纳入公租房保障范围。鼓励地方政府采取购买服务或政府和社会资本合作（PPP）模式，将现有政府投资和管理的公租房交由专业化、社会化企业运营管理
支持租赁住房建设	各地应结合住房供需状况等因素，将新建租赁住房纳入住房发展规划。允许将商业用房等按规定改建为租赁住房，允许将现有住房按照国家和地方的住宅设计规范改造后出租
加大政策支持力度	对依法登记备案的住房租赁企业、机构和个人，给予税收优惠政策支持。支持符合条件的住房租赁企业发行债券、不动产证券化产品。稳步推进房地产投资信托基金（REITs）试点。鼓励地方政府盘活城区存量土地，采用多种方式增加租赁住房用地有效供应
加强住房租赁监管	完善住房租赁法律法规。城市人民政府对本行政区域内的住房租赁市场管理负总责，要建立多部门联合监管体制，明确职责分工，充分发挥街道、乡镇等基层组织作用。加快建设住房租赁信息服务与监管平台，推进部门间信息共享。各有关部门要按照职责分工，加强行业管理

资料来源：国务院办公厅印发《关于加快培育和发展住房租赁市场的若干意见》. http://www.gov.cn/xinwen/2016-06/03/content_5079470.htm［2018-11-24］

2.2 各地住房租赁市场政策要点解析

截至 2017 年 10 月底，全国已经有超过 12 个省（自治区、直辖市）50 个以上城市发布了租赁政策，12 个试点城市均已出台相关实施意见或征求意见稿。此外，上海、北京、太原等非试点城市也陆续密集出台租赁住房新政，动作之快、力度之大，前所未有，被解读为影响楼市的重大措施。综合来看，已出台的相关实施意见或征求意见稿的城市，大多是通过出台配套制度以保障承租人权益、培育专业化市场机构主体、加大租赁住房供应及完善政府监管和扶持政策等几个层面，来构建租赁住房市场体系（表 2）。具体而言，本文主要在以下几个方面总结各地相关政策的亮点。

表 2 各地市培育和发展住房租赁市场新政一览表

城市	试点城市	文件名称	发布日期	主要政策
广州	是	《广州市人民政府办公厅关于印发广州市加快发展住房租赁市场工作方案的通知》（穗府办〔2017〕29 号）	2017 年 7 月 10 日	允许将商业用房等按规定改造成租赁住房；保障租购同权
沈阳	是	《沈阳市住房租赁试点工作方案》（沈政办发〔2017〕53 号）	2017 年 7 月 20 日	积极推进购租同权。建立承租人居住证权利清单，不断扩大承租人权利
合肥	是	《合肥市人民政府关于印发合肥市住房租赁试点工作实施方案的通知》（合政秘〔2017〕82 号）	2017 年 7 月 25 日	划转一批房源；建设一批房源；盘活一批存量房源；明确住房承租人享有的社会公共服务权利
成都	是	《加快培育和发展住房租赁市场的若干措施》（成办函〔2017〕49 号）	2017 年 4 月 7 日	培育市场供应主体；鼓励住房租赁消费
		《成都市人民政府关于印发成都市开展住房租赁试点工作的实施方案的通知》（成办发〔2017〕21 号）	2017 年 8 月 3 日	力争到 2020 年，培育和发展机构化、规模化住房租赁企业不低于 50 家
郑州	是	《郑州市人民政府办公厅关于印发郑州市培育和发展住房租赁市场试点工作实施方案的通知》（郑政办文〔2017〕43 号）	2017 年 8 月 7 日	到 2020 年，新建、配建租赁住房 3.8 万套；对进行房屋租赁备案的承租方，允许其在居住地落户
南京	是	《市政府办公厅关于印发南京市住房租赁试点工作方案的通知》（宁政办发〔2017〕152 号）	2017 年 8 月 15 日	形成市 - 区 - 街道 - 社区四级联动网格化服务管理体系；探索建立通过政府划拨建设、企业新建自持、配建、改建、闲置住房出租等多种渠道筹集租赁住房的模式，建设或筹集租赁性住房不低于 50 万平方米
深圳	是	《深圳市关于加快培育和发展住房租赁市场的实施意见》（征求意见稿）《深圳市住房租赁试点工作方案》（征求意见稿）	2017 年 8 月 28 日	由市住房建设部门会同人才安居集团负责共同搭建专业化、规模化的公共住房租赁平台，通过自行建设或收购、租赁商品房、企业自有用房，出租给中低收入家庭、各类人才等需求人群
武汉	是	《市人民政府关于开展培育和发展住房租赁市场试点工作的实施意见》（武政规〔2017〕39 号）	2017 年 8 月 29 日	选取符合住房租赁市场需求的新建商品房项目，按照一定比例（10%～20%）和相关要求配建租赁住房
杭州	是	《杭州市人民政府办公厅关于印发杭州市加快培育和发展住房租赁市场试点工作方案的通知》（杭政办〔2017〕4 号）	2017 年 8 月 30 日	未来 5 年公共租赁住房保有总量不少于 8 万套

续表

城市	试点城市	文件名称	发布日期	主要政策
肇庆	是	《肇庆市人民政府关于印发肇庆市住房租赁试点工作实施方案的通知》（肇府函〔2017〕457号）	2017年9月8日	2017～2018年，住房租赁平台首批房源投入使用；到2020年，打造出"两个平台"（国有专业化住房租赁平台和住房租赁交易服务平台）；基本形成"两个市场"（供给多样化住房租赁市场和消费多元化住房租赁市场），实现降低租赁市场的"三个成本"（交易成本、信息搜寻成本和维权成本）
上海	否	《关于加快培育和发展本市住房租赁市场的实施意见》（沪府办〔2017〕49号）	2017年9月15日	居住证持证人和持《本市户籍人户分离人员居住申请（回执）》人员，可以按照规定享受子女义务教育、公共卫生、社会保险、缴存使用住房公积金、证照办理等基本公共服务
北京	否	《关于加快发展和规范管理本市住房租赁市场的通知》（京建法〔2017〕21号）	2017年9月28日	通过在产业园区、集体建设用地上按规划建设租赁住房等方式加大租赁住房供应
太原	否	《太原市人民政府办公厅关于加快培育和发展住房租赁市场的实施意见》（并政办发〔2017〕79号）	2017年10月26日	鼓励新建租赁住房；转变公租房保障方式，实行实物保障与租赁补贴并举

资料来源：根据各城市出台的相关文件整理

第一，出台配套制度（如租购同权等）以保障承租人权益。在保障承租人权益方面，大多地方政府出台了租购同权配套制度，但各地租购同权中"权"的含金量并不相同。北京、上海、广州等一线城市由于人口上限、资源限制等约束条件仍然长期存在，不可能将所有公共服务权利与租房进行一步到位的租购同权，但将人民群众关注度最高、含金量最高的就近教育权与租房进行有条件的挂钩，因此这些城市赋予符合条件的承租人子女享有就近入学等公共服务权益，但无法享有户籍的保障，即同教育权。杭州等二线热点城市一般位于城市群核心城市周边，经济基础相对较好，但由于周边竞争激烈，缺乏吸引高端人才的明显优势资源，在制定鼓励租房政策吸引目标人才群体时虽然会实现将租房和户籍挂钩，但会设置一定的门槛，提出对符合条件的承租人可以享受到相应的社会保障，即设门槛同户籍权。而沈阳、合肥等其他城市属于区域性经济中心的城市，其经济活跃度开始减弱，人口增长放缓，为吸引周边人才，增强经济活力，提高城市吸引力，这些城市通常将租房与户籍直接挂钩，明确提出符合条件的承租人在基本保险、就业扶持、子女入学、相关证件换领等方面享受相关公共服务权利或与市民同等的待遇，即直接同户籍权。

第二，培育专业化市场机构主体。总结各地政府住房新政文件可以发现，各地均出台政策培育专业化市场机构主体，鼓励专业化住房租赁企业，发展现代住房租赁服务业。例如，广州成立广州珠江住房租赁发展投资有限公司，负责统筹全市政策性住房（含公共租赁住房、棚户区改造、人才安居住房、直管公房等）的投资、融资、建设和运营管理，将政策性住房纳入市场化、专业化、社会化供应和管理。上海、南京、沈阳、合肥、郑州、深圳等城市组建国有住房租赁平台公司，鼓励国有企业发展规模化租赁，支持住房租赁消费。杭州正式引入阿里巴巴建设"智慧住房租赁平台"，把公共租赁住房、长租公寓、开发企业自持房源、中介居间代理房源、个人出租房源全部纳入平台管理，同时引入淘宝评价体系、芝麻信用体系，建立多部门守信联合激励和失信联合惩罚机制。武汉积极开展"互联网+住房租赁"服务，建立并完善武汉市住房租赁交易服务平台，已确定首批住房租赁试点企业及项目，共26家企业及3个项目。成都提出到2020年培育规模化租赁企业50家，截至2018年1月，成都国有租赁房源已上市，首批推出2200余套房源供租赁，从一居室到四居室，月租金470元起。厦门提出完善各类园区住房租赁市场，培育15～20家机构化、规模化住房租赁企业，扶持国有企业发展住房租赁业务。

第三，加大租赁住房土地供应。各地政府在住房租赁新政中纷纷采取措施加大租赁住房的土地供应，构建多层次的住房供应体系。例如，上海大力新建租赁住房，允许商办房等按照规定改建用于住房租赁，引导产业园区和集体经济组织建设租赁住房，完善供地方式，完善建设使用标准。杭州推出"只租不售"租赁用地，截至2017年10月底，杭州已成交自持地块超过40宗，自持面积超过100万平方米，自持地块成交将增加市场租赁住房供给。东莞市政府进一步做出尝试，首次引入"限价＋竞自持面积＋竞自持年限"土拍模式，即先竞地价，达到最高限价后竞自持商品住房面积，再竞商品住房自持年限，截至2017年10月底，东莞共成交自持地块6宗，自持年限均为5年，合计自持面积17.75万平方米。合肥提出"划转一批房源""建设一批房源""盘活一批存量房源"，增加住房租赁市场房源。广州、成都、郑州、武汉等多地市政府均提出新建、配建租赁住房，加大租赁住房建设力度，积极盘活存量房屋用于租赁，允许改建住房用于租赁等。

第四，完善政府监管和扶持政策。各地政府均出台政策完善对住房租赁市场的政府监管，同时不同程度地对各地住房租赁市场予以政策扶持。例如，对住房租赁市场相关机构和企业进行减税、免税，对承租人进行资金补贴、提高公积金比例等金融支持，如广州规定职工提取住房公积金支付租金的，月提取最高限额由原来的不超过上年度本市职工月平均工资 2 倍的 30%，提高至不超过上年度本市职工月平均工资 2 倍的 40%，凡是个人出租住房的，由按照 5% 的征收率减按 1.5% 计算缴纳增值税。对个人出租住房月收入不超过 3 万元的，2017 年底之前可按规定享受免征增值税政策。上海市政府规定凡是在上海市稳定就业、无自有住房且缴存住房公积金的职工，均可按现有政策提取住房公积金用于支付住房租金。深圳市政府加大对个人租赁住房的支持力度，提高住房公积金用于支付房租的比例等，推动租赁市场的健康发展。武汉市支持住房租赁企业发行企业债券、公司债券、非金融企业债务融资工具等公司信用类债券及资产支持证券，提供住房租赁支持贷款，对个人的住房租赁交易，提供差别化、快速便捷的嵌入式的贷款融资服务等金融支持。

3 住房租赁市场培育和发展中的问题和障碍

一直以来，我国住房市场具有重销售轻租赁的特征，住房租赁市场的发展处于滞后的状态。当前，虽然中央政府大力推行培育和发展住房租赁市场的新政，这对我国住房租赁体系的健康发展，保证国民住有所居意义深远，但不可否认的是，我国住房租赁市场培育和发展中仍面临着许多问题，地方政府在落实住房租赁市场新政方面也面临着诸多障碍。

3.1 住房租赁市场培育和发展中存在的问题

第一，作为房地产市场重要组成部分的住房租赁市场发展滞后，租赁市场处于被忽视的地位，公租房占比低。当前，随着我国城镇化的不断推进，人口流动性日益加大，人们对于租房的需求不断增长。然而我国住房市场的供给仍然是零散化的，租赁的住房以私有住房为主，公租房占比非常低。2010 年第六次全国人口普查数据显示，我国可出租房屋来自私人出租住宅的占比接近 90%。据北京租客网的网络调查，2010 年北京租赁关系以个体房东直租为主，个体房东直租和个体二房东转租的比重超过 80%；只有约 6% 的租赁住房来自机构出租，主要的机构出租是就业单位（4%）和房管部门（2%）。我国租赁市场作为住房市场的重要组成部分，在解决居民住房困难、缓冲住房价格波动、平衡整个市场的供求等方面的积极作用还没有得以充分发挥。

第二，我国住房租赁市场供给零散化矛盾突出，且缺乏专业、规范的中介服务体系。我国住房租赁市场中可供出租的房屋质量参差不齐、政府监管难以到位、中介违规、承租人权益易被损害等问题频出。我国不合法的住房租赁市场规模过大，大量租户集中租住于城中村、城郊结合部农村的违法违章房屋中，不合法住房租赁市场的长期存在，挤压了合法住房租赁市场的发展。此外，我国的住房租赁市场长期处于自发性的状态，专业化的住房租赁经营机构发展过于缓慢，市场占有率很低。尽管近年来专业化住房租赁经营机构逐步兴起和发展，但在住房租赁市场还远未成为主导力量，其能够支配的租赁房源极其有限。

第三，住房租赁市场相关法律法规不健全，承租人的权益无法得到保障。近年来，我国城市居民家庭通过租赁解决住房问题的比例逐年上升，但相关法律法规却十分匮乏，如对住房、住房租赁及土地、金融、房地产业管理乃至相关的税收方面的法律法规尚不健全。因此当承租人的权益受到侵害时，却没有与之相对应的法律法规予以保护。此外，我国住房租赁市场的准入管理形同虚设。尽管《商品房屋租赁管理办法》对租赁市场的准入做了规定，但绝大部分住房进入租赁市场时，都未遵循该管理办法的规定，政策和法规的落地性不够理想。

3.2　地方政府落实住房新政中面临的障碍

在中央政府密集出台一系列住房租赁市场新政之后，各大城市都积极响应中央的号召和要求，陆续出台发展住房租赁市场的一系列政策，但地方政府在落实中央住房新政上也依然面临着以下几方面的障碍。

第一，没有各部门的配合，租购同权很难真正落地。不论在哪个城市，不论是何种新政，其具体落地都需要多个部门的共同配合，需要相关部门出台配套制度。就租购同权机制来说，不仅要解决住房一项任务，也不仅是住建部门一家之事，而是涉及教育部门、民政部门、公安部门等的综合性事务。目前，在这些具体问题上，各地推进的租购同权的"含金量"还存在很大差异，部分地区各部门间配合性较差。

第二，在一二线城市，住房租赁新政落地突破有限。仍以租购同权机制为例，不同城市对于租购同权中"权"的界定是不同的。在资源集中、房价水平高、人口流入快、住房供需矛盾突出的一二线城市，就目前的政策来看，租购同权实际上是有条件的同就近普通教育权，因此租购同权政策虽然有利于缓解一线城市居民的住房问题，但其在落地上很难有较大突破。

第三，购房与租房给地方政府带来的财税贡献差异很大。租房和购房给地方政府带来国内生产总值（gross domestic product，GDP）的影响不同，通常商品房出售带来的 GDP 影响和税收贡献高于租房，而 GDP 在对地方政府官员的考核中仍占有十分关键的地位。且大力支持租赁房建设，增加租赁房土地供应，势必会挤占住房开发和销售的土地供应，从而减少地方政府土地出让和税收收入，因此大力推广租房所带来的潜在财税的损失，也是住房新政在落地上面临的一个障碍。如果不能满足"激励相容"的前提，地方政府推动文件落地的积极性就大打折扣，最终变成"以文件落实文件"，而没有真正落地。

4 住房租赁市场培育和发展的国际经验借鉴

相对于我国住房租赁市场来说，发达国家的住房租赁市场起步较早，住房租赁市场发展也较为成熟，在住房租赁市场的发展中形成了很多值得我们借鉴的经验做法。

4.1 住房租赁市场中租赁住房比例较高

在住房租赁市场发展较为成熟的发达国家，其租赁住房比率较高，住房自有率较低。例如，据统计，德国接近 60% 的家庭选择租房，而年轻群体的租房率更是接近 80%[6]；除德国外，欧盟国家中，瑞典和捷克的租房比例也较高，其租房占比均高于 50%[7]。根据相关统计资料，2012 年日本的租房率接近 40%，其中以东京为中心的关东都市圈、以名古屋为中心的中京都市圈和以大阪为中心的近畿都市圈的租房率分别为 45%、40%、41%[8]；日本许多年轻人不仅在结婚时选择租房，即使结婚之后相当长一段时间，也仍然会选择继续租房，据统计，日本租房结婚者占比高达 67.1%[9]。根据美国 2009 年住房调查数据，美国出租房占比约为 32%[10]。

4.2　住房租赁市场中租赁房源来源多元化

不同于中国，住房租赁市场较为成熟的发达国家，其租赁房源来源较为多元，既有自有住房，也有政府、企业等提供的充足房源，社会和私人出租都占有重要比重。例如，德国的租赁房源来源包括政府公租房、专业建房公司出租住房、基金或保险公司出租住房、合作社出租住房及私人出租住房。2009 年第二季度，英国自由住宅的数量为 1750 万套，其中，社会租赁住房的数量为 450 万套，私人租赁住房的数量为 380 万套。2008 年伦敦社会出租住房占比 24%，私人出租占比 19%[11]。这与我国住房租赁市场的现状非常不同，一直以来，我国住房租赁市场上的租赁房源都是个人自有房产占有重要比例，而社会提供的房源则十分稀少。不同性质的租赁来源在住房租赁市场中发挥着不同的作用，多元化的租赁房源来源可以满足多样化的市场需求，特别是在高福利的欧洲国家，政府公租房用于满足低收入群体的住房需求，而私人出租住房则是为满足高端客户的住房需求。这些多元化的租赁房源在保障发达国家住房租赁市场成熟发展上发挥了不可或缺的作用。

4.3　通过立法确定租赁市场管理制度

英国、德国等住房租赁市场发展较为成熟的国家，其共同点是政府对住房租赁市场发展的规范和引导较多，经过多年的发展，相关法律法规十分健全，使得其租赁市场得以规范有序发展。1909 年，英国政府出台的《住房与城市规划法案》（*Housing & Town Planning Act* 1909）确定以公营为核心的住房体系，国家干预住房市场，规定国家投资建房，以约低于市场价格 40% 的水平出租给居民。为促进住房租赁市场的发展，德国政府出台了一系列法规保障租户的合法权益，对租房合同和租金都进行了详细规定，对租金的核算也有严格标准。此外，为防止住房租赁领域的非法投资，德国市政部门、房东与房客协会、房屋租赁介绍所等机构，共同制定当地价格不同房屋类型"房租合理价表"，明令禁止"二房东"现象。"房租合理价表"规定，如房东的房租超过"合理房租"的 20%，就构成违法行为，超过 50% 就构成犯罪行为，如不及时更正，房东将面临高额罚款甚至牢狱之灾[12]。美国房屋租赁法规也十分健全，租金管制、公寓管理等相关法规对私房出租、公寓出租都有严格的规定。美国政府要求房东遵守政府制定的各项法规，保证房客的权益。《住房法》规定政府需为低收入者提供低租金住宅。公房租金一般不到市场租金的 50%。市场房租也不能任意上涨，如政府实行"住宅租金管制"制度与"租金稳定"政策。

4.4　发挥政府和市场的共同作用

除健全的法律法规外，发达国家成熟规范的住房租赁市场还得益于政府"有形的手"和市场"无形的手"共同发挥调节作用。首先，政府直接通过行政手段调节住房租赁市场。政府直接建设公共住房或者廉租房，如美国政府直接提供公房给低收入者入住，租用政府的公寓者必须经过严格的资格审查，同时美国政府也鼓励私房租赁。德国政府本身虽不从事房地产产业，但十分鼓励私人房地产公司和私人从事地产产业，德国政府规定房屋开发商必须按比例建造廉价房向低收入者出售或出租，如德国科隆市每年新建 3800 套房，其中 1000 套必须用于廉价出租[13]。其次，政府的经济调控手段也在调节住房租赁市场中发挥着十分重要的作用，主要手段包括税收政策和资金补贴政策。其中，税收政策主要包括房屋租赁管理中的税收减免和税收抵扣额度等政策。例如，美国的住房税收减免占住房政策费用总额的比重高达 78%，英国的住房税收减免占住房政策费用总额的比重为 61% 左右[14]。资金补贴政策主要是政府为租户或出租者提供资金补贴或资助，补贴又分为"贴砖头"和"贴人头"两种方式，前者被称为住房建筑补贴，后者被称为房租补贴。据统计，英国政府每年在住房补贴上花费 100 多亿英镑，年受益人数高达 300 万～400 万人[15]，2010～2011 财年，英国地方政府预算净现支出的 14% 花在住房补贴上，主要包括住房租金补贴、租金返还等项目[16]。德国政府每年也对居民提供大量的房屋补贴，按照家庭人口等指标制定补贴标准，德国每年发放的补贴占 GDP 的 1.2% 左右。此外，发达国家政府出台金融扶持政策鼓励金融机构为房屋出租者提供低利率贷款或者贷款利息偿还补助等。

5　租赁市场培育和发展亟须相关配套制度

在我国，住房租赁市场的发展还不够成熟，可以说才刚刚起步，从制度建设和可行性角度来看，我国住房租赁市场的健康持续发展，还有待相关配套制度的进一步完善。

5.1 加强立法，规范住房租赁市场

住房租赁市场的培育，首先应在法律保障上推进住房租赁市场的建设，将房屋租赁的行为纳入法制的轨道，规范出租人、承租人和中介的相关行为，特别是保障承租人的合法权益。当前，从国家层面来说，我国尚没有对住房租赁市场出台相关法律，仅《中华人民共和国合同法》和《中华人民共和国物权法》涉及住房租赁市场，但《中华人民共和国合同法》并未针对住房租赁的特殊性进行规定，《中华人民共和国物权法》则主要涉及出租人，虽然部分城市已经在地方立法的范围内颁布了保障性住房条例，但并不够细化，实施起来仍有一定的难度。近年来，虽然我国密集出台住房租赁市场新政，加大力度保障居民住有所居，但目前承租人在住房租赁市场中的合法权益依然难以得到法律层面的保障，房租任意上涨、租期不稳定、房东提前毁约等情况仍然在住房租赁市场中存在，且承租人的权益处于无法可依的状态。此外，如前文所总结，我国各地密集出台的住房租赁市场新政在土地、金融、房地产业等方面予以新的规定，这些政策的执行和落地均需要相关法律法规予以完整、系统的规定。因此，当下亟待出台相关法律（如"住房法""住房租赁法"等），从租赁房的性质、建设资金来源、承租人条件、租金标准、退出机制、法律责任、行业监管等方面进行规范，全方位保障住房租赁市场有法可依、执法必严、违法必究。

5.2 多部门配合，切实推动租购同权落地

培育和发展住房租赁市场，需要各部门的大力配合，而不是住建部门的一家之事。特别是备受关注的租购同权制度需要教育部门、社会保障部门、公安部门等多部门的积极配合，才能使得该政策落地，这也涉及各个部门内部各种权益的权衡，绝不是一条政策法规就能够解决的，而是需要大量的配套政策的出台。例如，政府对租赁市场在金融方面、土地使用方面、税收方面的扶持政策，也需要多个部门共同推动，尽快出台相关配套细则和规范，包括用地规范、税收征管、融资贷款、承租人管理制度等相关政策的细化，从而使租购同权制度更具有可操作性。此外，借鉴发达国家租购同权的经验，可以考虑在我国实行将公民公共资源权益的享受逐渐与其户籍相脱钩，只有这样才能从根本上实现租购同权。具体而言，可以采取城市主要领导牵头，各有关职能部门负责人参与的领导小组、联

席会议的方式，解决部门之间的协调难题。

5.3　培育专业机构，实现租赁住房供应多元化

多元化的租赁房源有利于租赁市场的健康稳定发展，而我国住房租赁市场则面临房源单一的问题，因此促进住房租赁市场的发展，必须使租赁住房供应多元化，这不仅要大力推动公租房的建设，而且要推动各种类型的住房合法进入租赁市场。公租房或廉租房的建设有利于缓解低收入群体对于租房的需求，结合我国当前房屋租赁市场上自有住房比例过高的特征，首先，应加大公租房在租赁房源中的占比，鼓励房地产商增加公租房的建设。其次，在培育住房租赁市场中，还应充分发挥市场机制的作用，培育机构化、专业化、规模化的住房租赁机构或企业，实现多元化的住房供应。此前，我国的住房租赁市场一直缺乏专业化的租赁机构或者规范化的租赁企业，租赁市场发展混乱、滞后，市场中充斥着"黑中介""二房东"等侵占承租人利益的现象，因此专业化的租赁机构亟待培育。此外，为鼓励住房租赁机构或企业的发展，政府应考虑在金融、税收等方面对此类机构进行一定的扶持和保护，使住房租赁机构能够通过合理成本取得房屋或土地用于经营，实现合理的收益预期，提供比散租更为优质的服务，吸引更多的机构和人员进入租赁市场。

5.4　增加土地供应，保障租赁住房房源充足

合理充足的土地供应是保证住房租赁市场持续规范发展的前提，因此政府应多渠道增加租赁用房土地供给，从源头上保障租赁住房房源的充足。地方政府应对土地使用结构和土地用途进行进一步调整，允许商业用房按规定改建为租赁住房，调整部分商业用房项目为居住用地等。然而，不可否认的是，在土地资源极其稀缺的城市，通过新增土地供应来获取房源难度较大，因此更需要地方政府多渠道实现租赁用房的土地供应，在存量房改造方面多动脑筋。当然，多渠道增加土地供应具体涉及的商改住、住房改造、"城中村"规模化租赁等问题，还有很多细节亟待地方政府的规范和完善。

5.5　完善考核机制，促使地方政府更加重视租赁住房

根据上文的讨论内容，在注重 GDP 和财政收入的传统官员考核体系下，地

方政府和官员只重视新建住房，而忽视租赁住房的发展。因此要从根本上解决房地产租售不平衡的问题，还要改革地方政府和官员的考核体系。具体而言，对地方政府进行政绩考核时，要进一步贯彻习近平总书记关于"不简单以 GDP 论英雄"的精神，减少对 GDP 考核的占比，增加对住房租赁占比指标的考核，考虑根据租房比例的不同采用不同的考核标准。可以考虑在考核地方政府政绩时采用不同的标准，对于大力推广租房市场的政府，应予以扣除相应的 GDP 减少额度来评价其政绩。

6 结语

"坚持房子是用来住的、不是用来炒的定位"，是当前我国房地产市场发展的主要战略方针，培育和发展住房租赁市场是这一定位当中的重要环节。最近一两年来，中央和各地地方政府出台了一系列培育和发展住房租赁市场的政策文件，为住房租赁市场的发展奠定了基础，我国住房租赁市场的发展面临着前所未有的政策红利和机遇。

但我国住房租赁市场仍处于起步阶段，培育和发展我国住房租赁市场需要政府和全社会的共同努力，近年来我国密集出台的住房租赁市场新政的具体落地仍面临着不小的挑战。结合我国住房租赁市场现状和我国基本国情，本文提出我国住房租赁市场的培育和发展亟须立法、专业租赁机构培育、租购同权、土地供应等相关配套制度的出台。如果解决好这些问题，未来我国住房租赁市场的培育和发展必将成为一片蓝海。

参考文献

［1］许宪春，贾海，李皎，等.房地产经济对中国国民经济增长的作用研究［J］.中国社会科学，2015，（1）：84-101.

［2］王文春，荣昭.房价上涨对工业企业创新的抑制影响研究［J］.经济学（季刊），2014，（2）：465-490.

［3］陆铭，张航，梁文泉.偏向中西部的土地供应如何推升了东部的工资［J］.中国社会科学，2015，（5）：59-83.

［4］石庆玲，郭峰.高房价与中国犯罪率的上升——基于35个大中城市的实证研究［J］.南开经济研究，2017，（6）：113-130.

［5］郭峰，洪占卿.房地产依赖症与危机时期的稳增长绩效［J］.经济学报，2017,（3）：1-23.

［6］罗忆宁，赖芳芳.德国住房租赁企业发展的制度环境及发展经验［J］.城乡建设，2017,
（10）：72-74.

［7］O'Sullivan E，de Decker P. Regulating the private rental housing market in Europe［J］.
European Journal of Homelessness，2007,（1）：95-117.

［8］Statistics Bureau, Ministry of Internal Affairs and Communications. Japan Statistical Yearbook
2012[OL]. http://www.stat.go.jp/english/data/nenkan/back61/index.html［2018-12-10］.

［9］聂晨，方伟.当代日本青年住房现状及对中国的启示［J］.青年探索，2017,（2）：
105-112.

［10］刘增锋.美国住房租赁市场运行机制探讨及借鉴［J］.中国房地产，2011,（12）：76-80.

［11］王忠，李慧敏.英国住房租赁市场的监管机制［J］.城市管理与科技，2018,（4）：
88-89.

［12］纪尽善.加快中国住房制度创新步伐——德国住房制度考察启示［J］.经济界，2009,
（5）：42-47.

［13］易娱竹.租房：大多数德国人的选择——德国完善的住房租赁制度［J］.中华建设，
2015,（6）：50-53.

［14］黄绪虎，张昱.房价——中外房价、城市化与中低收入家庭住房模式解读［M］.武汉：
湖北科学技术出版社，2007.

［15］布朗ＭＲ，王志成.英国住房保障制度的政策特点［J］.上海房地，2016,（11）：52-55.

［16］杜丽群.英国住房租赁市场信用机制分析与中国借鉴［J］.人民论坛•学术前沿，2018,
（19）：9.

Research on the Supporting Policies for Housing Rental Market's Cultivation and Development

Shi Qingling[1]，Guo Feng[2]

（1. The Center for Modern Chinese City Studies & Institute for Urban Development，East China Normal University，Shanghai 200062，China；2. School of Public Economics and Administration，Shanghai University of Finance and Economics，Shanghai 200433，China）

Abstract Since high housing price is now an urgent social problem in China, regulating and developing the housing rental market is of great significance for implementing the orientation of "housing for living in, not for speculation" put forward in the Report of the Nineteenth National Congress. Therefore, China has released a series of new policies on housing rental market, to clarify that the housing rental market play an important role in China's housing supply system. This paper sorts out the highlights and shortcomings of recent new policies of housing rental market, analyzes the problems and barriers in the development of housing rental market in China, and summarizes the experiences of foreign housing rental market, then puts forward some policy suggestions to cultivate and develop the housing rental market in China. In this paper, we suggest that relevant supporting policies should be introduced urgently to cultivate and develop the housing rental market in China, such as legislation, cultivation of professional leasing institutions, rental and purchase coequality, and the policy of land supply.

Keywords housing rental market; renting and selling simultaneously; rental and purchase coequality; real estate

社会认同与城市融入：作为城市"知识移民"的"凤凰男"

易臻真　罗　峰

摘　要　当前，更多的学术研究关注于"劳动力移民"，而对以"凤凰男"为代表的"知识移民"研究较少。本文通过定量研究发现，"凤凰男"的群体认同、文化认同、地域认同、职业认同及地位认同五者之间相互关联。同时，在沪工作年数、出生地、年龄、婚姻状况、学历及收入均对其各项社会认同产生影响。本文研究结果表明，"凤凰男"的认同发展出了多元模式，同时"制度性排斥"并不是对移民的终极障碍，更深层面的可能是源于城市偏向政策的一种普遍排斥情绪。

关键词　"凤凰男"；知识移民；社会认同；城市融入

伴随着影视剧作品的热播，"凤凰男"一词开始流行，继而成为媒体关注焦点及人们热议话题。相较于城市移民中的"劳动力移民"——"农民工"群体所受到的广泛关注，以"凤凰男"为代表的"知识移民"尚未进入主流研究的视野。同时，"知识移民"凭借自身的努力，摆脱了束缚在"农民工"群体身上的户籍制度等宏观结构性问题之后，得到了与城市居民相同的城市户口、稳定的工作、社会保障及福利，但是其城市融入仍然存在很大的问题，似乎依旧与城市格格不入，"外地人""乡下人"等代名词是一直贴在其身上的标签。因此，本文试图从"凤凰男"的角度出发，对城市移民的研究进行更深入的探讨。

作者简介：易臻真（1985—），女，华东师范大学中国现代城市研究中心／城市发展研究院，博士、讲师。罗峰（1987—），男，华东师范大学中国现代城市研究中心／城市发展研究院，博士、助理研究员。
基金项目：上海市哲学社会科学规划青年课题（2016ESH001）。

1 "凤凰男"的界定

"凤凰男"一词起源于网络论坛，并以惊人的速度渗入我们日常话语体系之中。目前，学术界对于这一群体关注较少，给出的定义也相对模糊。从网络资料来看，"凤凰男"，全称为"水晶凤凰精英男"。百度百科中对于"凤凰男"的定义是：集全家之力于一身，发愤读书十余年，终于成为"草窝里飞出的金凤凰"，从而为一个家族蜕变带来希望的男性。显然百度百科对于"凤凰男"的定义以主观感性认识为主，有着过于浓厚的文学色彩，缺乏客观理性的界定和划分。因此，笔者理应也必须对"凤凰男"这一群体做出较学术化的界定。

虽然目前人们对于"凤凰男"的讨论都集中在他们的婚姻家庭生活矛盾中，但是笔者认为"凤凰男"本身也是一个值得关注和研究的独立个体——他们生活中所遇到的困境不仅仅体现在婚姻家庭生活中。

首先，"凤凰"一词源自"草窝里飞出的金凤凰"这一俗语。在汉语中，"凤凰"原本与"龙"相对，主要是用于形容和代表女子。在"凤凰男"一词中强调了"男性"群体，而其"凤凰"也取其在草窝出生却地位转变之意。

其次，城乡户籍制度及其捆绑的权利保障及福利，使得我国社会表现出明显的城乡二元结构[1]。"凤凰男"沿袭了"农民工"城乡流动的模式。不同之处在于，最终他们成为制度意义上的"市民"。他们的身份发生了实质性的改变，他们没有受到户籍制度及社会福利保障制度的限制，他们本应能在城市中"游刃有余"地生活。他们是"知识移民"，是来自我国最底层社会的精英。他们享受到了城市新移民的待遇，却仍然要面对边缘化（marginalization）和污名化（stigmatization）的生活[2]。就目前上海的"凤凰男"群体构成而言，他们以来自农村地区为主，还有相当一部分是来自其他中小城镇或城市的低收入家庭。此外，上海这座迅速膨胀的城市本身也打造出了不少"本地凤凰"。

综上所述，在经验研究层面上，笔者认为"凤凰男"群体实际上是指这样一群男性：他们的家庭来源于农村或者乡镇，是一群通过接受高等教育，加之其自身不断的努力奋斗实现了其区域转移和代际垂直向上流动，并在城市中从事以脑力劳动为主的稳定工作，已拥有固定的住所，且主观上具有永久定居城市意愿的知识新移民群体。笔者把"凤凰男"群体称为知识新移民群体，"知识"移民旨在与"劳动力移民"相应对，而所谓的"新"是相对于20世纪80年代以前从农村移居到城市的老移民而言的。与那些老移民相比，最大的区别是新移民完全可以根据自身的情况来决定自己什么时候迁移到什么地方，政府不再禁止他们的流动，他们拥有了更多的自由选择权[3]。

从社会学的角度来看，"凤凰男"这群知识移民对旧有制度的"解构"和新制度的"重构"起到了一定的先驱作用。他们不仅打破了"户籍"这种长期以来制约中国社会流动的制度，而且还产生了积极的社会文化影响。他们在融入城市生活的过程中，同样产生了强大的辐射效应。可以说，正是"凤凰男"对城市生活的这种强烈向往，使得我国人口管理体制面临着越来越多的考验，并正改变着我国城市的社会结构状况。与此同时，他们也向我们现有的社会提出了新的挑战：是否解决了制度上的接纳问题，就能实现城市生活的完全融入。

2 "凤凰男"的社会认同模型

20世纪80年代前后学术话语的后现代转向使得"认同"一词在社会学、政治学等领域内迅速崛起，并很快发展成为一种较为高调的声音。从建构主义角度来看，"认同"有着一股神奇的强大魔力。它虽然是建构的概念，但它可以创造出实体。不同的认同会产生不同的共同体，以及不同的冲突。"凤凰男"作为城市移民的一份子，其社会认同的情况是其社会适应乃至融入的重要衡量指标。目前，现有的研究大多是在理论建构方面，对于其不同维度的社会认同之间的关系的直接研究甚少。因此，本文将试图探究这一问题，即"凤凰男"的社会认同情况及其社会认同中不同维度之间内在关系的结构。

2.1 研究方法

本文选取上海地区开展研究，最重要的原因是上海在改革开放后飞速发展，吸引着四面八方的人才，这里是"凤凰男"首选的奋斗地。1990年4月党中央、国务院正式批准开发开放浦东。随即，上海市政府制定了一系列开发浦东的政策和措施。同时，这也导致了上海市对高素质人才的需求量以几何级数的速度增长。因此，本文中将定性和定量研究的对象都限制为1990年后来沪工作的"凤凰男"，他们均具有本科及以上学历，年龄控制在22～50岁。其中深度访谈对象均选取来自农村地区的"凤凰男"。问卷中除了来自农村地区的"凤凰男"之外，还包括一部分来自上海市区低收入、低阶层家庭的"凤凰男"。

"凤凰男"这一研究对象有其特殊性，他们属于隐藏人口（hidden population）。隐藏人口是指群体规模较小，在总人口中所占比例较低，而且群体的规模与边界均不清楚；该群体成员常常因各种原因不情愿暴露自己的身份[4]。对于"凤凰男"这一群体做定量研究时，样本总量不详，很难找到一个合适的抽样框。据此，笔者在此次定量研究中采用了受访者推动抽样（respondent-driven sampling，RDS）方法来抽取"凤凰男"样本。这一抽样方法在传统的滚雪球抽样方法的基础上，结合了社会网络分析的理论和方法，使得研究者可以根据样本来对总体特征做出合理的推论。这一抽样方式特别适用于研究规模和边界模糊的人群[5]。因此，对于此次研究，受访者推动抽样方法非常适合，笔者也正是运用这一方法进行了此次研究中定量研究的抽样工作。具体抽样操作如下，笔者先选取 10 名"凤凰男"作为"种子"，对于他们的社会认同情况进行调查，继而要求他们每人向笔者提供 10 名他们朋友中的"凤凰男"作为第二轮的定量研究对象，以此类推。考虑到并不是每一个"种子"都能完成找出 10 个的任务，有的则是多于 10 名，按照受访者推动抽样方法，多于 10 名的将在其中挑选 10 名进行研究。通过上述方法，此次研究的定量环节共发放问卷 500 份，回收问卷 498 份，其中有效问卷 490 份。其中，研究对象在上海工作（不包括其在上海读书阶段）平均 6.72 年。490 名研究对象中大学本科学历 343 名，全日制硕士生 112 名，全日制博士生 15 名，在职硕士生 18 名，在职博士生 2 名。

2.2　研究假设

对于社会认同形成过程的研究还是很多的，但对于社会认同横向多维度的具体研究还相对较少。目前现有的文献中对于社会认同的分类中较具说服力的是将社会认同分为文化上的、政治上的及生物性的三方面。笔者认为这一分类还不够细致，无法对群体的社会认同情况做全景观察。

亨廷顿认为个人的多重身份包括"归属性的、地域性的、经济的、文化的、政治的、社会的及国别的"[6]。而笔者通过访谈发现"凤凰男"群体在城市融入问题上政治身份并没有起到关键性影响。因此笔者将"凤凰男"的社会认同分为五个维度来进行考量。此次研究假设如图 1 所示，笔者认为"凤凰男"的社会认同主要由群体认同、文化认同、地域认同、职业认同和地位认同五个部分组成，且均相互影响关联。

图 1　"凤凰男"的社会认同假设图

2.3　研究结果

此次研究中，笔者结合"凤凰男"的实际情况及特征将其社会认同分为群体认同、文化认同、地域认同、职业认同及地位认同五个部分来测量及分析。

第一，"凤凰男"的群体认同，是其对自己所属群体的自我认同情况。对此，笔者主要是从以下三个方面进行考察。首先，在既有研究中涉及群体认同讨论的多是强调"族"的概念，一如身处欧美的波兰农民等，而对"群"的研究相对较少。同时，"族""群"认同很难与其文化认同区分开，并有可能受到社会制度的限制。因此，在移民研究中，我们不难发现，移民可以不认同迁入地文化，却在群体上认同迁入地身份[7]。"凤凰男"与一般打工者不同，他们都已拥有了上海户口或是上海市引进人才 A 类居住证。笔者认为外地人—上海人的认同是反映"凤凰男"的群体认同的重要内容之一。其次，个体在知识层面及情感体验上的差异性也影响着其对内群体的认同[8]。因此，"凤凰男"自身与其亲属的社会地位差异也是其群体身份认同的重要部分。最后，认同是求同存异同时发生的一个过程，"求同"和"存异"看似矛盾却被整合在一起。在内群体中，认同追求的就是"求同"；而在外群体中时，认同的实质就变成了"求异"。亨廷顿也指出，"要有别人，人们才能给自己界定身份"[6]。为了建立关于"我们"的"认同"，就必须寻找对立面，即建构"别人"或者说是"敌人"，从对"敌人"的想象中寻求"我们"自身的形象[9]。在群体认同中，寻找"对立面"是相当重要的。在此次"凤凰男"的群体身份认同中，笔者认为"富二代"在一定程度上可谓是"凤凰男"的对立面。

第二，"凤凰男"的文化认同，是其对于自己应采取哪种文化模式行事的选择情况。正如许多国际移民的相关研究所证实的那样，所有的移民在到达迁入地后，都面临着适应新生活的种种挑战。这些挑战包括语言、习俗、法律法规及生活方式等方面的。"凤凰男"来到城市打拼，他们也正经受着强烈的文化冲击。来源地的差异使得这种冲击可大可小，却都实实在在影响着"凤凰男"的"新生活"。大多数学者均认为，文化认同主要体现在服饰的穿戴、食物的选择、价值观的坚持，以及用来适应新文化和当地人的策略等方面[10]。"凤凰男"来到大城市后，要被一整套新的文化标准来重新判定。正因如此，他们也面临着除了工作压力以外更多更大的压力。他们必须应对新的文化社会压力和标准，他们必须理解新的社会环境，决定是否要融入当地文化及如何融合[11]。移民对迁入地文化的认同会影响其对新的社会环境的认知，从而规训他们的行为方式。而其文化认同的高低也正面反映了其对于移入地的融入意愿。在此次研究过程中，笔者选择以下三个变量来衡量"凤凰男"的文化认同情况：一是语言的学习情况；二是风俗的熟悉程度；三是风俗的遵循与否。

第三，"凤凰男"的地域认同，是其对自身目前所处地区的认同情况。地域认同经常被表达为人们对于某个地方的感情，尤指归属感[12]。例如，我国劳动力移民在城市—乡村归属感的矛盾性和模糊性方面的相关探讨[13]，以及关于农民工的定居意愿、城市归属感、未来认同和社会认同等具体问题的相关分析更是络绎不绝[14]。此外，也有研究指出地域认同并不是单纯的地方归属感，它与族群认同紧密相连。例如，在美国路易斯安那州的法国人就更偏好于认同自己是路易斯安那州的法国人后裔（Cajun，Cajunization）①[15]。某种程度上，我们可以认为地域认同是对地区制度化过程的一种解释[16]。近年来，伴随着城市劳动力的流动，尤其是回流，我们应该注意到移民已经不再像我们所想象的那样盲目认同于大都市。因此，考察"凤凰男"的地域认同情况势在必行。现有的地域认同研究，多为国际移民的相关研究。在此次研究中采用了三种间接的测量指标，即子女期望、定居打算及购房意愿[10]。

第四，"凤凰男"的职业认同，是其对自身目前所从事职业的认同情况。大量研究表明，移民对自己所从事职业的认同也因迁移而发生转变，这种职业认同的转换能更深入地反映职业决定长期迁移的动因[10]。在这一点上，国内移民及国际移民表现出来相同的一致性。笔者认为，对于移民而言，无论其移出前是否从事工作，或是从事何种职业，对于其在移入地，真正下定决心要继续或是长期

---

① Cajun：卡津人，即18世纪从加拿大阿卡迪亚地区迁居来的法裔美国路易斯安那州人（卡津语，法裔美国路易斯安那州人讲的法语方言）。

在此地工作生活下去的动力都是由其对其职业的认同情况所提供的。当移民在移入地无法施展拳脚的时候，他们往往会选择离开；同样地，当移民在移入地发展如日中天的时候，他往往会选择继续在此地发展。据此，职业认同也是反映移民社会认同的重要指标。对于职业认同的量化处理，笔者认为主要应集中在几个方面。一是职业的经济获利情况；二是职业的实际工作情况；三是职业的人际关系情况；四是职业的其他相关情况。

第五，"凤凰男"的地位认同，是其对自身的社会经济地位处于哪一个阶层的认同情况。目前的社会分层研究都重点关注于客观的数据分析，但无论是马克思还是韦伯，这些社会分层研究的创始者都承认社会分层与个体的主观意愿有关。此次研究正是对"凤凰男"的社会经济地位的主观认同的测量。移民现象反映的是人们对改善其自身社会经济地位所做出的努力[10]。在我国，城乡移民的社会地位也受到了学术界的关注，但是重点仍然是集中在"农民工"群体身上。早在2002年，李强就提出了"底层精英"的概念[17]，人们普遍认为城乡移民绝大多数都处于城市的社会底层。这与移民进城为了改变社会经济地位的初衷相悖。然而，"凤凰男"这一群体却能较好地满足移入城市并改变自己的社会经济地位的这一初衷。地位认同作为"凤凰男"的社会认同的重要组成部分，更能反映出他们移入的社会经济动因。

笔者对这五个认同变量重新赋值和整合，通过"归一分析法"最终演算出五项认同其各自所占比例，如表1所示。除了对"凤凰男"各项认同进行数据分析外，笔者还研究分析了五种认同各自与在沪工作年数、出生地、年龄、婚姻状况、学历及收入六项基本情况之间的相关性，并最终形成了"凤凰男"社会认同的结构模型，如图2所示。

表1 "凤凰男"五项认同的均值及比例情况

项目	群体认同	文化认同	地域认同	职业认同	地位认同
均值	11.4245	9.4272	11.4286	10.0554	7.7878
比例/%	22.79	18.81	22.80	20.06	15.54

3 结论与讨论

从"凤凰男"社会认同的结构模型图中，我们可以很明显地看出其五项认同相互关联，且各自均受到相关因素的影响。同时，笔者结合此次研究的定性材料进一步分析了"凤凰男"群体社会认同结构背后所隐藏的更深层面的社会问题。

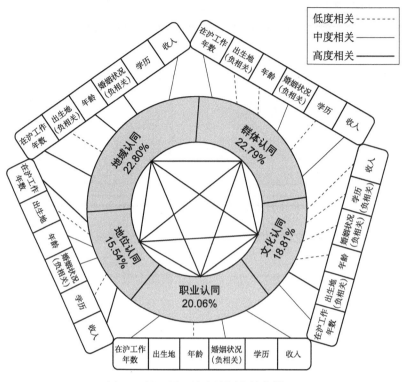

图 2 "凤凰男"社会认同的结构模型

3.1 结构模型图的分析及解释

相关研究显示，城市新移民的"职业认同与文化认同和地域认同，地位认同与文化认同和群体认同之间存在着差异性认同的倾向"[10]。即职业认同高的城市新移民，其文化认同，或是地域认同可能高，也可能低。但在此次"凤凰男"的研究中我们可以看出"凤凰男"的各项认同之间体现出了中高度的一致性倾向。

首先，地域认同与地位认同在"凤凰男"的社会认同中扮演着重要的角色。我们可以看出地域认同与地位认同高度相关，且各自与文化认同及职业认同高度相关。在访谈中，不少"凤凰男"就谈及"上海是我国最发达的城市之一，竞争环境更为公平，机会更多，工作更高效"。选择大城市作为奋斗目标，并不是为了提高自己的社会地位。不少"凤凰男"表示，在外地时，他们拥有更高的社会地位和更多的社会资源，但是依然选择放弃这些来到大城市生活的主要原因，就是受到要在大城市生活的信念的影响。因此，从"凤凰男"的社会认同中我们可以看出，对于移民来说，其地位认同与其地域认同是相辅相成的。即移民之所以选择离开移出地，是出于对移入地的认可，但他最终决定在移入地长期发展，是因为在移入地，移民对自身的社会地位及职业都比较满意，而这一趋好的发展也正为其移民抉择做出了肯定的回复。

其次，群体认同在"凤凰男"的社会认同中起到了调节作用。当"凤凰男"对于自己的出身、奋斗经历及所获得的成功能够正面接受的时候，他也对自己的职业及社会地位更加满意和认可。"凤凰男"会更加珍惜目前自己所拥有的一切，同时对自己所处城市提供给自己的一切便利予以肯定。在访谈中，"凤凰男"表示在上海经历过或正经历着"排斥"。可同时，"凤凰男"纷纷肯定了上海这座城市的发展空间及公正高效等优势。从而，"凤凰男"接受和努力融入这座城市的意愿就会加强，会尝试着学习这里的风俗习惯，按照这里的方式来为人处事等，进而他们加大了与移入地的原住民之间的交往。在此次研究中，57% 的问卷调查对象表示来上海后，其最主要的交往群体为上海人。社会认同是由自我界定的，但又是自我与他人交往的产物。他人对一个人或一个群体的看法影响到该个人或群体的自我界定。当人们希望得到某种身份时，只有当他们受到已具有该种身份的人们欢迎时，这一愿望才算实现[6]。同样，当"凤凰男"对于自己"上海人"身份接受度越高时，其文化认同及地域认同也会更高。他们会更加愿意学习上海话，认同并遵循上海人的价值观，待人接物的方式也会受到上海风俗的影响。

最后，职业认同在"凤凰男"的社会认同中起到了促进作用。令人满意的职业往往为"凤凰男"带来不错的工资收入及较好的福利待遇，并随之为其提供更好的发展空间，以及更高的社会声望及地位。作为移民，作为低收入贫困农村家庭的儿子，"凤凰男"初来乍到之时内心的自卑感可想而知。唯有在城市中获得职业的成功，才能为"凤凰男"带来他人的尊重，也使得其自身内心心理趋于平衡状态。换言之，职业认同承载着"凤凰男"的兴与衰。职业认同肩负着"凤凰男"的地位认同和群体身份认同，进而影响着其文化及地域认同。

此外，从"凤凰男"社会认同的结构模型图中，我们可以看出影响"凤凰男"社会认同的主要因素是其来沪工作年数、出生地、年龄、婚姻状况、学历及收入。第一，来沪工作年数。根据"推拉理论"（push and pull theory），正是上海更优越的工作机遇和生活环境，相对更为规范的规章制度，以及更少的向上流动的制约等这些有利的条件吸引着"凤凰男"选择在上海工作生活[14]。"凤凰男"在上海工作的年数越长，其对于上海的文化风俗就越了解，融入这座城市的意愿也越强烈，因此，相对地，其地域认同、文化认同及群体认同也会随之提高。第二，出生地。在"凤凰男"这一群体中，出生于上海还是外地对其群体认同、文化认同及地域认同的影响，我们不难理解。"本地凤凰男"相较于"外地凤凰男"，对上海的文化模式更为了解和适应。但在此次调查中，笔者也发现，有一些"本地凤凰男"出生于上海的郊区，他们并不认同自己是"上海人"，因此，出生地与群体认同之间相关性较低。第三，年龄。处于不同年龄阶段的"凤凰男"，其肩负的责任也不同。当今社会，尤其是在上海这样的大都市，生活工作的压力颇大，无论是初入社会的年轻人，还是久经职场的中年人，都会遇到各自的工作和生活困境，因此年龄与职业满意度的相关度极低。第四，婚姻状况。已婚"凤凰男"的地域认同要远远高于未婚者，其群体认同、职业认同、地位认同也要比未婚者略高一些。已婚者考虑到家庭因素，其对自身职业的稳定性要求更高，同时自我社会水平流动的可能性大大减少。在中国的传统观念中，婚姻和房产是相互紧密关联的。因此，已婚"凤凰男"几乎都已在上海拥有了固定房产，有的还不止一套。在与问卷同期进行的访谈中，不少已婚"凤凰男"就表示，在自己的生活中，女方家庭给予了极大的支持，包括买房、带孩子，有的甚至还解决了"凤凰男"原家庭的种种困难等。第五，学历。此次研究发现，学历对"凤凰男"的社会认同影响并不显著，且学历与"凤凰男"的文化认同之间呈现低度负相关。尽管目前上海现行的户籍政策对于学历有较高的要求，学者的相关研究也显示受教育程度对城市移民的城市融合有着显著的积极促进作用[18]，但对"凤凰男"这一群体的调查发现，学历越高者，其文化认同程度越低。笔者认为这主要是因为学历高者，其见识也相对更广，对于一个问题的看法也更加系统透彻，其认为自身在上海这座城市的地位并不一定要靠"趋同"来获得，其身份的彰显不受到其对上海文化接受度的影响。相应地，学历低者，则更倾向于选择"趋同"来尽早融入这座城市，因此其对上海文化的接受意愿更强。第六，收入。"凤凰男"的经济收入对于其社会认同的影响也是相对较为显著积极的。"凤凰男"之所以选择来上海发展，其考虑因素中就涉及经济收入的多少。因此，收入的增加也势必带来其对自身所处社会地位的认知提升。

3.2 不仅仅是制度性排斥

通过此次对"凤凰男"社会认同结构的研究，笔者也对"凤凰男"这一群体展开了进一步的思考。"凤凰男"这一群体正印证了"制度性排斥"并不是对移民的终极障碍，更深层面的原因是城乡文化的巨大区隔及城市偏向政策的强大历史惯性。

既有研究显示"制度性排斥"是导致农民工无法较好融入城市的罪魁祸首。不可否认，我国城乡二元结构下的户籍制度给不少城市新移民在城市的生活造成了种种壁垒。但是，反观"凤凰男"，我们不难发现，即使是在制度上接纳了他们，给予他们城市户口、稳定的工作，享受城市居民的社会保障及福利，他们的城市融入仍然存在着种种问题。

笔者认为"凤凰男"现象背后隐含的仍是传统－现代二元对立模式，"凤凰男"代表"传统"一极，城市社会与市民则代表"现代"一极。虽然两者并不是截然排斥、不可融合的，但是在行为表现、社会交往、心理感知上，两者都存在明显的区隔。这种差异的实质就是文化上的差异，即乡村文化与城市文化的冲突。在赛林（T. Sellin）看来，文化环境铸造了社会的行为规范和个人的性格，不同文化环境中的人或群体相互接触时会产生文化上的不适应和冲突问题[19]。他强调文化冲突的实质就是行为规范的冲突，这种行为规范的冲突不仅发生在不同文化系统或区域的规范的相互碰撞中，也发生在同一文化系统或区域内群体分化的过程中。从这个角度来说，受传统文化熏陶至深的"凤凰男"从乡村进入城市，会受到"异质文化"的冲击，面临文化上的冲突，甚至会产生"文化震惊"现象。这种文化冲突有很多表现形式，如"结合紧密、以家庭和社区为纽带的乡村文化，与更加注重个人奋斗、更加注重竞争的城市文化的冲突"，"重视情谊的乡村文化，与讨价还价的市场经济理性文化的冲突"[20]。同时，城市社会中匿名性与非人情化的社会关系、高节奏的生活方式、高水平的消费方式等特征使"凤凰男"需要时间去适应。面对城市主流文化的冲击，"凤凰男"群体形成了群体亚文化，这种亚文化是"凤凰男"的源文化的延续和重构，从而使"凤凰男"在陌生的情景中能找到熟悉的应对方式。理想的结果是这种亚文化能够合理地融入城市主流文化，而不是与后者相冲突，以至于成为一种边缘文化。文化上的冲突与调试伴随着"凤凰男"适应城市社会的整个过程。

利普顿在1977年提出了"城市偏见"（urban bias）这一概念。他认为，乡村贫困根源于城市利益偏向。由于无视城市贫困和乡村富裕的存在，其观点招致一些批评。尽管如此，他为城乡剩余的流动提供了有益的思路。例如，工业化过程中，非洲政府机构的主要角色是控制经济、刺激城市投资，但这往往损害了农业产出。城市偏见理论认为，在许多发展中国家，国家与农民的关系或城乡关系都是强制性的，或者说城市偏向的，与在发达的市场经济国家所发生的农业和农民受到保护的情况恰恰相反。由这种政策偏向导致的城乡收入差距，是发展中国家普遍存在的现象。

西方经济理论对发展过程中城市偏向政策形成的原因进行了大量分析，主要可以概括为两种范式：第一是从国家实行工业化战略的目标和途径出发来解释。形成城市偏向政策的手段通常是实行所谓的"剪刀差"政策；第二是认为农业在发展过程中受到歧视，是因为城市阶层在政治上具有过大的影响力。这是因为农民因居住分散而导致集体行动中过高的沟通成本，以及由于单个农民的产品只是农业产出的微小份额，因而造成"搭便车"现象（free-rider problem），因而缺乏政治力量[21]。科布里奇指出在城乡关系的辩论中，可以毫无疑问地看出"城市偏见"、公平和效率的恢复等助长了农村向城市的移民潮[22]；还有国外学者指出农业被其他非农产业压榨，农民渴望农业与家庭被重组，渴望性别间和代际的竞争，重新谈判的愿望在不断上涨。家庭经济和城乡相互作用的多样性导致了个人、家庭对农工业追求的转换，也使得人们在城乡间迁移。农业被非农产业束缚着，工业依靠较多的是农业劳动力。

笔者认为，城市偏见理论能很好地解释"凤凰男"被排斥的外力来源。上海原住民的这种普遍排斥情绪的形成正是源于我国城乡发展上的政策等制度性差异。从这一点儿出发，我们应该更深入地审视我们的城乡发展差异，而不应仅仅只是将问题归因于户籍制度层面的"制度性排斥"，而是更多地从历史发展的维度来探寻问题的根源。从"凤凰男"的身上，我们不难发现，正是这种城市偏向发展政策导致了城市居民对于移民，尤其是来自农村的移民的一种普遍排斥的自私情绪。

参考文献

［1］张学东. 对"凤凰男"与"孔雀女"婚姻问题的社会学分析［J］. 中国青年研究，2009，（4）：13-16.

［2］文军，罗峰. 公共知识分子的污名化：一个消费社会学的解释视角［J］. 学术月刊，2014，（4）：79-87.

［3］文军. 制度、资本与网络：上海市劳动力新移民的系统分析［J］. 中国研究，2005，（2）：131-154.

［4］Heckathorn D D. Respondent-driven sampling：A new approach to the study of hidden populations［J］. Social Problems，1997，44（2）：174-199.

［5］赵延东，Pedersen J. 受访者推动抽样：研究隐藏人口的方法与实践［J］. 社会，2007，

27（2）：192-205.

[6] 塞缪尔·亨廷顿. 我们是谁？美国国家特性面临的挑战［M］. 程克雄译. 北京：新华出版社，2005.

[7] 唐斌."双重边缘人"：城市农民工自我认同的形成及社会影响［J］. 中南民族学院学报：人文社会科学版，2002，（S1）：36-38.

[8] Yuki M. Intergroup comparison versus intragroup relationships：A cross-cultural examination of social identity theory in North American and East Asian cultural contexts［J］. Social Psychology Quarterly，2003，66（2）：166-183.

[9] 李友梅，肖瑛，黄晓春. 社会认同：一种结构视野的分析（以美、德、日三国为例）［M］. 上海：上海人民出版社，2007.

[10] 张文宏，雷开春. 城市新移民社会认同的结构模型［J］. 社会学研究，2009，（4）：61-87.

[11] Markus H R，Kitayama S. Culture and the self：Implications for cognition，emotion and motivation［J］. Psychological Review，1991，98：224-253.

[12] Millard J，Christensen A L. BISER domain report NO.4：Regional identity in the information society［C］. European Community Under the "Information Society Technology" Programme（1998-2002），2004.

[13] 文军. 从生存理性到社会理性选择：当代中国农民外出就业动因的社会学分析［J］. 社会学研究，2001，（6）：21-32.

[14] 李强. 影响中国城市流动人口的推力与拉力因素分析［J］. 中国社会科学，2003，（1）：125-136.

[15] Trépanier C. The Cajunization of French Louisiana：Forging a regional identity［J］. Geographical Journal，1991，157（2）：161-171.

[16] Onuf P S. The northwest ordinance and regional identity［J］. Wisconsin Magazine of History，1989，72（4）：293-304.

[17] 李强. 中国社会分层结构的新变化［J］. 鞍山社会科学，2005，（5）：37-38.

[18] 张文宏，雷开春. 城市新移民社会融合的结构、现状与影响因素分析［J］. 社会学研究，2008，（5）：117-141.

[19] Sellin T. Culture conflict and crime［J］. American Journal of Sociology，1938，44（1）：97-103.

[20] 宋林飞. 城市移民的文化矛盾与社会安全［J］. 江苏社会科学，2005，（5）：6-8.

[21] Olson M. The Logic of Collective Action：Public Goods and the Theory of Groups［M］. Cambridge：Harvard University Press，1971.

[22] Jones G A，Corbridge S. The continuing debate about urban bias［J］. Progress in Development Studies，2010，10（1）：1-18.

Social Identity and Urban Integration: Phoenix Man as a City Knowledge Immigrants

Yi Zhenzhen，Luo Feng

（The Center for Modern Chinese City Studies & Insitute for Urban Development, East China Normal University，Shanghai 200062，China）

Abstract　Nowadays，most of the scholars concentrate on the labor immigrants' research，however，the knowledge immigrants especially the "Phoenix Man" received less attention. By this quantitative research，the author found that the group identification，the culture identification，the region identification，the career identification and the socio-economic status identification of this knowledge immigrant are interrelated with each other. While the number of years working in Shanghai，the place of birth，the age，the marital status，the educational attainment and the income are the important factors of their social identity. From the "Phoenix Man"，we can also observe that diverse social identity，which based on the diverse group memberships，is developing its multi-modality. "Phoenix Man" shows the "system exclusion" is not the ultimate obstacle to immigrations，but the main reason is a series of general urban bias.

Keywords　Phoenix Man; knowledge immigrants; social identity; urban integration

经济新常态下乌鲁木齐人口城镇化特征及动力机制研究

林 韬 金 刚

摘 要 乌鲁木齐是新疆首府，其城镇化发展对新疆城镇化发展格局影响重大，关乎新疆的社会稳定和长治久安。研究发现，乌鲁木齐是典型的大城市、小农村，外来人口的异地城镇化贡献大，但城镇化质量不高，外来务工人口的市民化问题突出。在城镇化动力机制上，以服务业驱动为主、工业驱动为辅，市场力占据主导地位。在经济新常态背景下，乌鲁木齐城镇化呈现动力不足态势，判断未来人口增长将大幅减缓。本文研究认为乌鲁木齐的新型城镇化建设应该以提升城镇化质量为核心，重点吸引高知人口集聚，而新疆应该走以中小城市为主的城镇化发展道路。

关键词 人口城镇化；特征；动力机制；乌鲁木齐

1 引言

城镇化是农村人口向城镇集中、农村生活方式向城镇生活方式转变的过程，城镇化水平和质量是一个国家现代化水平的重要标志。改革开放以来，伴随着我国工业化的快速推进，我国城镇人口由 1978 年的 1.7 亿人增长到 2017 年的 8.1 亿人，城镇化率由 17.9% 提升到 58.5%。但由于我国地域辽阔，不同地区资源禀赋、经济产业发展等差异大，导致城镇化进程差距明显。整体而言，东部沿海地区城镇化水平和质量相对高，而中西部地区整体城镇化发展滞后。不同地区发展路径

作者简介：林韬（1987—），男，博士，中国城市规划设计研究院西部分院，规划师。金刚（1982—），男，中国城市规划设计研究院西部分院规划三所，所长。

基金项目：中国城市规划设计研究院 2017 年科技创新基金项目。

的不同也使得我国城镇化呈现多样化的模式，如以乡镇集体经济为主导的"苏南模式"，以家庭工业为主导的"温州模式"[1]，以外资投资主导的"珠江模式"[1, 2]。因此，走多样化因地制宜的特色城镇化道路已经成为共识。

新疆地处我国西北边陲，地域辽阔、资源丰富、人口稀少，与俄罗斯、哈萨克斯坦等多个国家接壤，是我国西北战略屏障和对外开放门户，地缘政治地位突出。同时，新疆还长期面临宗教极端势力、民族分裂势力和暴力恐怖势力三股势力的侵扰，而广大农村地区是最易受敌对势力渗透的地区。因此新疆的城镇化发展不仅是促进经济发展的引擎，同时对保障新疆社会稳定、长治久安，保障西北边疆安全，强化边疆国土治理具有重要的作用。但现今，新疆城镇化发展相对滞后，2017 年全疆城镇化水平为 49.38%，远低于全国平均水平，未来新型城镇化任重道远。

乌鲁木齐是新疆首府，是新疆唯一的人口规模超过 100 万的大城市，是新疆的经济增长极，其城镇化发展对乌鲁木齐乃至全疆的"社会稳定、长治久安"意义重大。在经济新常态和新型城镇化建设背景下，对乌鲁木齐城镇化特征和动力机制的研究对乌鲁木齐未来新型城镇化建设具有重要的参考意义。同时，由于乌鲁木齐的城镇化发展对新疆城镇化发展格局影响重大，因此探索未来新疆是走以大城市为主的城镇化发展路径还是走以中小城市为主的城镇化发展路径，需要对乌鲁木齐的城镇化潜力和动力进行科学判断。

自 20 世纪 90 年代以来，中国特色的城镇化一直是我国学术界关注的热点。费孝通认为我国城镇化主要还是一个内生的过程[3]。基于产业发展的视角，赵新平和周一星认为我国城镇化初期的驱动力主要来自工业化进程，但在中后期则转向城市服务业和新兴产业的发展[4]。基于对珠三角城镇化发展的研究，薛凤旋和杨春提出"外向型"城镇化是珠三角城镇化的主导力量，外资是发展中国家城镇化的新动力[5]。欧向军等提出城镇化动力有市场力、内源力、外向力和行政力四个维度。21 世纪以来我国行政力对城镇化的贡献逐渐下降，而市场力和内源力等内生性的动力越来越成为我国城镇化发展的中坚力量[6]。

一些研究关注了新疆城镇化的特征、发展道路和模式，以及城镇化动力机制。张杰发现新疆城镇化具有发展滞后、依托绿洲分布、地区差异大、发展模式多样、不同区域城镇化水平与民族人口比重呈负相关的特征[7]。在动力方面，谢永琴认为新疆的城镇化是以政府为主导的城镇化发展模式，但这一模式也导致新疆的城镇发展缺乏内在动力[8]。张杰认为新疆城镇化整体而言政府动力最大，内源动力、市场动力次之，外向动力相对较弱，但不同区域资源禀赋、区位、产业和人文社会条件不同，城镇化动力差异大，未来需要因地制宜，构建多样化的城镇化动力机制[7]。然而学术界对乌鲁木齐的城镇化的关注还非常少。因此，通过对乌鲁木齐城镇化特征和动力机制及未来发展趋势的研究，本文期望能对乌鲁木齐城镇化及新疆城镇化发展的认识有所丰富。

2 乌鲁木齐城镇化概况与特征

2.1 大城市小农村，城镇化率高，中心外围差异突出

乌鲁木齐是典型的大城市、小农村。2015 年，乌鲁木齐市域户籍人口为 266.9 万人，其中户籍城镇人口 245.4 万人，乡村人口 21.5 万人，户籍人口城镇化率达到 91.9%。从常住人口统计，2015 年乌鲁木齐常住人口 355 万人，由于外来人口几乎全部集中于城镇，因此城镇化率达到约 93.9%。图 1 为 2015 年乌鲁木齐各区县户籍人口与户籍城镇化率情况。

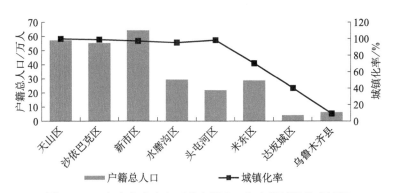

图 1 2015 年乌鲁木齐各区县户籍人口与户籍城镇化率情况
资料来源：《乌鲁木齐统计年鉴 2016》

从空间而言，位于中心城区的天山区、沙依巴克区、新市区、水磨沟区、头屯河区几乎实现了全域城镇化，户籍人口城镇化率达到 95% 以上，农村人口占比非常小。有大量土地不属于中心城区的米东区户籍城镇化率为 70%，而更外围的达阪城区和乌鲁木齐县户籍城镇化率仅为 40% 和 9.0%，表明中心外围差距非常大，区域不平衡现象异常明显。

2.2 人口增长趋于停滞，城镇化进程减缓

2000 年以来，乌鲁木齐人口持续增长，2015 年常住人口达到 355 万人，户籍人口达到 266.8 万人。但在经济新常态背景下，乌鲁木齐近年人口增速大幅下滑，人口增长趋于停滞，人口城镇化进程大幅减缓。经济新常态下，乌鲁木齐常住人口增长率由 2000～2010 年的年均 4.10% 下降到 2014 年的 2.00% 和 2015 年 0.60%，增长趋于停滞。在自然增长率维持稳定的情况下，户籍人口综合增长率由 2010～2010 年的 3.00% 下降到 2015 年的负增长（表 1）。

表 1　乌鲁木齐 2000 年以来人口增长情况

年份	常住人口 / 万人	增长率 /%	户籍人口 / 万人	综合增长率 /%	自然增长率 /%
2000	208.20	—	181.70	—	—
2010	311.30	4.10	243.00	3.00	0.50
2011	321.20	3.18	249.40	2.63	0.59
2012	335.00	4.30	257.80	3.37	0.60
2013	346.00	3.30	262.90	1.98	0.69
2014	353.00	2.00	266.90	1.52	0.76
2015	355.00	0.60	266.80	-0.04	0.61

资料来源：第五次、第六次全国人口普查资料及历年《乌鲁木齐统计年鉴》

注：2010 年对应的增长率为 2000～2010 年年均增长率

2.3 异地城镇化特征明显，省际流动多于疆内流动

从城镇人口构成看，乌鲁木齐外来常住人口多、占比大，异地城镇化特征明显（图 2）。2015 年，乌鲁木齐外来常住人口约为 140 万人，占常住人口总量的 39.4%。来自疆外的常住人口略多于来自疆内市外的常住人口，2010 年来自疆内市外的常住人口 54.2 万人，占常住总人口的 17.4%，而来自疆外的常住人口 68.6 万人，占常住总人口的 22.0%。疆外的常住人口主要来自甘肃、河南、四川等邻近人口大省，而来自疆内的常住人口南北疆约各占一半，其中外来少数民族人口主要来自于南疆三地州。

2.4 外来人口市民化进程滞后，城镇化质量不高

乌鲁木齐外来人口总量大、占比高，但市民化进程滞后。

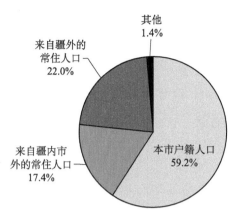

图 2　2010 年乌鲁木齐常住人口构成
资料来源：乌鲁木齐市 2010 年人口普查资料

在就业方面，有大量外来常住人口从事施工、贩卖、屠宰等技术含量低的非正规工作，未能享受城市基本的医疗、养老、工伤等保障。

在教育方面，根据对政府部门的访谈，外来常住人口子女就学问题非常突出，特别是在外来常住人口集中的天山区、沙依巴克区等，外来常住人口子女就学大班现象非常严重。同时，外来常住人口不能享受保障性住房、就地报销医保等基本公民权益和保障。

在城市建设方面，乌鲁木齐"城市病"非常严重，城市生活品质不高。乌鲁木齐大气污染严重，根据我国环境保护部的数据监测，2017 年 1 月乌鲁木齐有 14 天空气质量属于中度污染以上（AQI>150）。乌鲁木齐 2016 年机动车拥有量达到 93.6 万辆，加之南北向联通道路少，导致城市交通拥堵严重。同时，乌鲁木齐老城区城中村、老旧社区占比高，人口高度集聚，居住环境、卫生、消防等问题也较为突出。此外，乌鲁木齐休闲游憩空间少，缺乏完善的步行系统，城市公共空间品质不佳。

3　乌鲁木齐城镇化动力机制分析——产业发展视角

3.1　服务业驱动为主，工业驱动为辅

农村人口进城就业是城镇化最根本的推动力量。自 2000 年以来，乌鲁木齐第二产业就业人口由 2000 年的 24.5 万人增长到 2010 年的 35.8 万人，增长 11.3

万人，而在 2010 年后，第二产业就业人口没有任何增长。第三产业就业人口自 2000 年以来持续快速增长，由 2000 年的 46.3 万人增长到 2010 年的 87.0 万人，并进一步增长到 2015 年的 128.9 万人。2000～2015 年，乌鲁木齐城镇就业人口共增长了 94 万人，其中包括第三产业就业人口 82.6 万人，贡献率达 87.9%，而第二产业仅对就业增长贡献了 12.2%（图 3）。

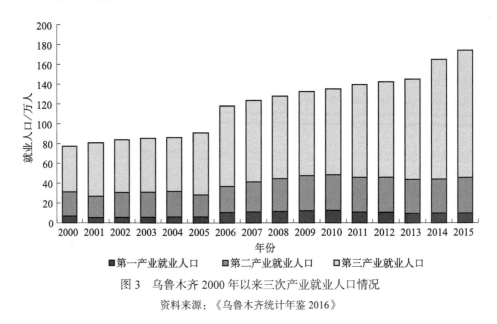

图 3　乌鲁木齐 2000 年以来三次产业就业人口情况

资料来源：《乌鲁木齐统计年鉴 2016》

3.2　市场动力推动为主，行政动力作用大

市场动力是指市场经济作用下资源自发向城镇集聚并推进城镇化发展的力量。从就业结构来看，2015 年，乌鲁木齐城镇非私营单位就业人口共计 63.3 万人，占总城镇就业人口的 38.4%。而城镇私营单位就业人口达到 101.5 万人，占总城镇就业人口的 61.6%。从三次产业就业行业结构来看，市场力量主导的批发零售、交通运输仓储、住宿餐饮、商务服务、房地产等行业就业人口规模大，占第三产业总就业人口的一半以上（图 4）。而其他公共服务属性较强的如公共管理、教育、卫生社会保障等部门也是基于居民需求的增长而增长，因此研究认为乌鲁木齐的城镇化是以市场动力推动为主。

政府对城镇化发展同样发挥了非常重要的作用。首先，政府直接提供公共管理、教育、金融、卫生社会保障等就业岗位，推进了城镇人口的增长。其次，政府对基础设施、产业、大型项目等的直接投资推进了城镇建设和产业发展。

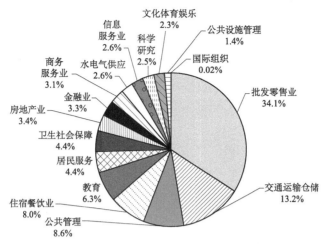

图 4   2015 年乌鲁木齐第三产业就业人口行业分布情况

资料来源：《乌鲁木齐统计年鉴 2016》

受四舍五入影响，数据加和不等于 100%

3.3   外向型经济发展对城镇化作用突出

全球化进程带动的外向型经济发展也是我国城镇化进程的重要动力来源。对外贸易和外商直接投资是乌鲁木齐外向型经济推动城镇化发展的主要途径。在外商直接投资方面，2000～2015 年，乌鲁木齐利用外资总额从 2000 年的 17.9 亿元增长到 2015 年的 48.3 亿元。在对外贸易方面，自 2000 年以来，乌鲁木齐进出口贸易快速增长，2012 年最高峰达到 104.0 亿美元（图 5），经济外向依存度达到 34.5%。2012 年乌鲁木齐批发零售从业人员人均销售额约为 120 万元，据此估算乌鲁木齐对外贸易带动的直接就业人口达到约 5.5 万人。此外，外商直接投资的增长和进出口贸易的发展不仅直接促进经济和就业增长，同时还带动物流、住宿餐饮、旅游等行业发展及技术管理升级，因此对乌鲁木齐的城镇化也具有重要的作用。

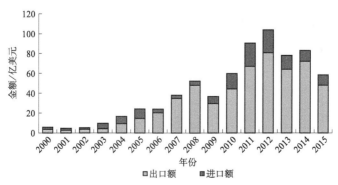

图 5   乌鲁木齐 2000 年以来进出口贸易发展情况

资料来源：《乌鲁木齐统计年鉴 2016》

4 乌鲁木齐未来城镇化发展趋势判断

4.1 城镇人口增速将大幅放缓

乌鲁木齐"大城市、小农村"、城镇化率极高的特点注定乌鲁木齐本地农村人口就地城镇化潜力小，未来城镇化发展需要依靠外来人口集聚，然而吸引外来人口面临巨大挑战。首先是我国人口流动趋势放缓，流动人口规模有下降趋势，我国流动人口规模由 2014 年的 2.53 亿人下降到 2015 年的 2.47 亿人（图 6）。而同时，四川、陕西、甘肃、河南等乌鲁木齐的外来人口来源大省 2014 年后净流出人口增长趋于停滞，四川、陕西外出人口甚至出现回流。在这样的形势下，乌鲁木齐很难持续吸引大量疆外人口集聚。其次，由于生活习惯、宗教信仰等因素，新疆少数民族外出务工比例不高，这也在一定程度制约了乌鲁木齐吸引疆内人口集聚。根据乌鲁木齐人力资源和社会保障局提供的"乌鲁木齐市人力资源市场 2016 年三季度职业供求状况调查分析"，乌鲁木齐 2016 年第三季度人力资源市场就业岗位需求 1.57 万人，但求职总人数仅 0.75 万人，劳动力缺口达到 0.82 万人。其中劳动力需求缺口较大的岗位包括治安保卫人员、清洁工、营业员、收银员、体力工人等低技术岗位（表 2），这表明乌鲁木齐低端就业岗位对外来人口的吸引力不大。此外，在经济新常态及全疆社会稳定长治久安目标背景下，乌鲁木齐市 2014 年以来的常住人口增长基本停滞，《2016 年乌鲁木齐市国民经济与社会发展统计公报》显示 2016 年乌鲁木齐市常住人口 352 万人，较 2015 年减少 3 万人。因此综合预判未来乌鲁木齐的城镇人口增速将大幅减缓。

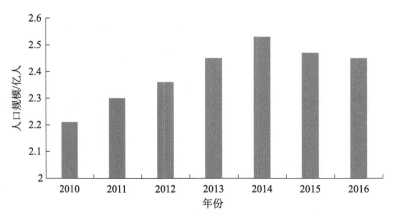

图 6 2010～2016 年我国流动人口规模变动情况

资料来源：《中国统计年鉴 2016》

表 2　乌鲁木齐 2016 年第三季度需求缺口最大的十个职业　　（单位：人）

职业	需求人数	求职人数	缺口
治安保卫人员	1 788	159	1 629
清洁工	651	80	571
营业员、收银员	1 220	685	535
其他行政办公人员	929	402	527
体力工人	870	360	510
推销展销人员	678	199	479
其他购销人	771	326	445
其他餐饮服务员	695	281	414
餐厅服务员、厨工	536	141	395
其他社会服务人员	3 112	2 765	347
合计	11 250	5 398	5 852

资料来源："乌鲁木齐市人力资源市场 2016 年三季度职业供求状况调查分析"

4.2　产业升级引导高知人口集聚

乌鲁木齐工业基础薄弱，高新技术产业占比小，第三产业中以商贸业为主导，这一产业结构致使就业供给以低技术岗位为主，因此外来常住人口整体受教育水平不高。2010 年外来常住人口中，大学以上学历人口仅有 30.4 万人，其中有 18 万在校大学生，因此真正在乌鲁木齐就业的高知外来人口总量小。乌鲁木齐 2016 年第三季度就业市场按文化程度分组的供求关系数据显示（表 3），文化程度要求高的就业岗位供求缺口小，而文化程度要求低的就业岗位供求缺口大，表明高端就业岗位吸引力强，而低端就业岗位吸引力不足。因此，预判乌鲁木齐未来城镇化发展需要依靠产业结构升级增加高端就业岗位供给，吸引高知人口集聚。

表 3　乌鲁木齐 2016 年第三季度就业市场按文化程度分组的供求关系　　（单位：人）

文化程度	需求人数	求职人数	缺口
初中及以下	6 836	2 542	4 294
高中	5 331	2 416	2 915
大专	2 429	1 465	964
大学	1 075	1 038	37
硕士以上	71	46	25
合计	15 742	7 507	8 235

资料来源："乌鲁木齐市人力资源市场 2016 年三季度职业供求状况调查分析"

5 结论与政策建议

乌鲁木齐作为新疆首府，其城镇化发展对于乌鲁木齐乃至全疆的社会稳定、长治久安意义重大。研究发现乌鲁木齐"大城市、小农村"特征明显，过去 10 多年城镇人口快速增长，城镇化率极高，但在经济新常态背景下城镇人口增长大幅减缓。乌鲁木齐异地城镇化特征明显且省际流动多于省内流动，但同时存在市民化进程滞后，城镇化质量不高的问题。从产业动力来看，服务业发展是推动乌鲁木齐城镇化的核心力量。从动力来源来看，市场动力是城镇化发展的主导力量，同时政府动力和全球化动力也发挥了重要作用。研究认为未来乌鲁木齐的城镇人口增速将大幅放缓，在新型城镇化背景下，乌鲁木齐未来的城镇化不在于量的增长，而更应注重质的提升，需要依靠产业升级推动高端就业岗位供给来吸引高知人口集聚。

基于对乌鲁木齐未来人口集聚动力不足的判断，本文研究认为新疆的城镇化应该走以中小城市发展为主的路径，政府要加大对中小城市的投资扶持力度，推进中小城市发展，将中小城市作为新疆未来吸引农村人口转移的主战场。对于乌鲁木齐的新型城镇化建设，研究认为应该首先要加快推进产业结构转型升级，吸引高端产业和高知人口集聚；其次要推进城市修补、生态修复、环境整治、社区营造，以人为本打造宜居家园，提升城市生活品质；再次要加大公共服务设施供给和政策创新，推进外来人口市民化进程。

参考文献

［1］刘潇. 苏南模式、温州模式和珠江模式的比较——基于费孝通的"模式"研究［J］. 学理论，2013，14：66-67.

［2］许学强，李郇. 改革开放 30 年珠江三角洲城镇化的回顾与展望［J］. 经济地理，2009，1：13-18.

［3］崔功豪，马润潮. 中国自下而上城市化的发展及其机制［J］. 地理学报，1999，2：106-115.

［4］赵新平，周一星. 改革以来中国城市化道路及城市化理论研究述评［J］. 中国社会科学，2002，2：137.

［5］薛凤旋，杨春. 外资：发展中国家城市化的新动力——珠江三角洲个案研究［J］. 地理学

报，1997，52（3）：193-206.

［6］欧向军，甄峰，秦永东，等 . 区域城市化水平之综合测度及其理想动力分析——以江苏省为例［J］. 地理研究，2008，27：993-1001.

［7］张杰 . 新疆特色城镇化动力机制研究［D］. 石河子：石河子大学，2013.

［8］谢永琴 . 西部大开发中新疆城镇发展的对策研究［J］. 新疆大学学报（社会科学版），2002，1：11-17.

Research on the Population Urbanization Characteristics and Impetus Mechanism of Urumchi in China under the New Normal Economy

Lin Tao，Jin Gang

（China Academy of Urban Planning & Design Western Branch，Chongqing 401120，China）

Abstract　As the capital city of Xinjiang province，Urumchi's urbanization significantly influences the development pattern of the urbanization of Xinjiang province，which is of great importance to Xinjiang's social stability and harmonious. Urumchi is a "big city with small country" and immigrant population takes a huge part of Urumchi's urban population. However，the quality of Urumchi's urbanization is quite low，with immigrant population be deprived from many right to the city. As for the driving forces of Urumchi's urbanization，the development of the service industry and market forces are found to be the leading forces，government force and external force are also found to play a significant role. Under the new normal economy，low-end services tends to be less attractive which make the Urumchi's urbanization process seem to be insufficient motivated，the gross rate of Urumchi's urban population is therefore anticipated to decrease sharply. Instead of big city（Urumchi），we suggest that the urbanization of Xinjiang province should focus on the development of the middle and small cities，and Urumchi should focus on the improvement of the quality of urbanization and attract elite group.

Keywords　urbanization；characteristics；impetus mechanism；Urumchi

临时性产业集群的本地作用研究
——以山东东营为例

朱贻文 曾 刚 刘 亮 单 双

摘 要 展会对于产业创新升级的作用日益受到重视,并被视为"临时性产业集群"。现有研究主要关注展会对全球创新网络的影响,却忽视了其对所在城市的本地作用。作者通过东营石油装备业本地集群及临时性集群的实地调研,证明了展会对本地集群的知识生态存在影响。第一,临时性产业集群所在城市的企业,拥有一定的本地优势。第二,临时性产业集群可以进行空间拓展,从而扩大或加速知识流动的收益。第三,较强大的永久性产业集群可以衍生出本地的临时性产业集群,但其知识交流效果和质量具有异质性。

关键词 产业集群;临时性;本地作用;展会;东营

1 中国的临时性产业集群

展会在早期只是用来进行样品的展示,其作用也仅仅是向观众推销产品。但如今,展会的参与者越来越专业化,对于他们而言,展会正发挥着其特定的交流功能,其范围也在逐渐全球化[1]。在当代经济中,企业间的信息交流和关系建立已经成为企业获得竞争优势的重要途径之一[2]。而展会能够将不同的经济活动聚集到一起,并形成关系平台并获取信息,因此具有十分重要的战略意义[3]。

作者简介:朱贻文(1988—),男,华东师范大学中国现代城市研究中心/城市发展研究院,博士后。曾刚(1961—),男,华东师范大学中国现代城市研究中心/城市发展研究院,博士、博士生导师、教授,研究方向为产业集群、区域发展模式与创新地理。刘亮(1982—),男,上海浦东智慧城市发展研究院战略研究部,主任。单双(1986—),女,中国产业升级网,高级研究员。

Maskell 等关注到了展会在经济全球化时代下的重要作用，他们首次将部分展会视为临时性产业集群（temporary cluster）[4]。他们认为，企业参与临时性产业集群有助于系统地获取市场中竞争者、供应商和顾客的各方面信息。通过长期例行地参与临时性产业集群，企业能获得重要信息，发现合适的伙伴，建立与长距离伙伴的信任。总之，临时性产业集群可以显著地提升企业的长期竞争力，而不只是作为一个短期销售的机会。

总体来说，临时性产业集群相比于一般的展会，其特征至少包括以下三个方面：①参展企业目的主要在于促进知识交流；②参展企业目的主要在于构建关系平台；③参展企业目的不在于进行直接的销售。

而在中国，展会业近年来也发展迅速。1997 年中国举办了约 1000 个展会，到 2008 年就增加到约 4800 个，展会业在区域经济中的地位日益突出，许多城市将其列为重点发展行业之一[5]。较早研究中国展会的学者认为，中国的展会主要起到促进出口贸易的作用[6]。正如 Fu 等所强调的，"每年展会上的商业交易占了中国常规出口贸易的四分之一，展会成为促进中国中小型出口厂商发展的重要平台"[7]。研究显示，在中国展会中，直接的销售行为和合同签订十分普遍，而非贸易的目标和创新都还处在十分次要的地位[8]。所有这些都认为，中国展会还不是一个促进知识流动、构建关系平台的场所，他们与临时性产业集群的特征还相去甚远。

不过，Bathelt 和 Zeng 近年的研究似乎说明，中国的展会已经有了新的发展。通过对上海（中国沿海城市）和成都（中国内陆城市）的两个展会进行调研，他们发现，中国展会的发展具有异质性。虽然与欧洲主要展会相比，创新在中国展会上的重要性还较低，但直接的销售行为比之前研究所认为的要少得多。中国展会上的参展者更多希望在展会期间发现新伙伴以拓展他们的网络，或者是深化和保持现有的网络关系[9]。Liu 等的研究列出了参展者目标的具体比例，进一步辅证了这一观点。其中，企业参与这些展会的主要目标在于提升市场影响力（76.7%）及寻找潜在的合作伙伴（34.9%），而销售目的（7.0%）在其中是微不足道的[10]。

因此，本文在研究之前也将首先观察，案例中的中国展会是否符合临时性产业集群的特征（假设 1）。如果符合，我们将进一步关注，从临时性产业集群的视角来看，展会对所在城市的意义何在，对本地的相关企业又将起到怎样的作用？

2 临时性产业集群的地方性

在传统的会展业研究中，不乏关于展会对所在城市作用的分析。

一方面，展会的举办除了产生自身收益外，往往还能带动许多相关产业的发展。国际上一般认为其乘数为 1∶5 至 1∶9[11]。展会对所在城市的就业和直接收入都有好处，展会参与者在展会期间比休闲旅游期间的花费要多 2～3 倍[12]。此外，许多地方将城市作为展会目的地来宣传，展会成为城市名片、成为经济发展的重要元素[13]。值得注意的是，这也是中国许多地方政府不遗余力推动本地展会的重要原因。同时，城市往往还利用展会来塑造形象，从而吸引潜在客户及投资[14]，这点对于地方政府和地方企业都十分重要。

另一方面，如果我们将部分展会视为临时性产业集群，则应当更加关注其在促进本地企业知识流动、关系平台构建方面的作用。然而，我们发现，目前临时性产业集群的研究中，更多关注其对整个行业的作用，以及其创新效益的全球性影响，临时性产业集群对于所在城市本地的特别作用却较少被提及。其原因可能正如 Bathelt 和 Spigel 所总结的，展会的直接经济效益（诸如直接和间接创造的就业岗位）是本地化的；而其他效益，尤其是知识流动所产生的效益则是极为广泛的，具有国家范围乃至全球范围的影响[15]。

本文并不否认临时性产业集群具有重要的"全球性作用"，但这绝不意味着，其"地方性作用"是可以被忽视的。事实上，许多临时性产业集群，正是由本地的永久性产业集群衍生出来的，许多专业展会正是分布在该产品的重要生产地之上[16]。那么，对于那些本地企业而言，参与所在城市举办的临时性产业集群，仅仅意味着经济成本的节约吗？如果我们排除传统的交通运输成本等因素，企业参与全球任一地区的临时性产业集群，其效果难道是相同的吗？企业参与本地的临时性产业集群，在促进知识流动和构建关系平台上，能不能获得格外的优势呢？

Rinallo 和 Golfetto 的发现可以给我们提供参考。在一些小型的专业化展会上，本地企业能够获得更大、位置更好的展台，从而可以增强交流的机会和效果[17]。此外，临时性产业集群可以进行空间拓展，将其知识流动的效益从展会场馆的空间扩散到整个举办城市。以意大利米兰为例，大量的企业通过与展会同期举行的创新论坛和大型开放式晚会来吸引相关参与者的注意，地方政府和本地产业协会也会发起一系列与展会有关的配套活动[18]，这些都促使米兰家具设计产业的知识流动在整个城市空间中延伸。

因此，关于临时性产业集群的本地作用，本文将做出以下假设。首先，我们假设本地企业利用自身的关系资源和政策优势，更容易在参展和展位安排上获得优势，从而可以得到更多更好的交流机会（假设2）。接着，我们假设展会将产生空间拓展效应，将知识流动扩散到整个城市范围内，给所在城市的相关产业带来更多益处（假设3）。最后，我们假设临时性产业集群能够借助本地永久性产业集群的影响力，吸引更多跨区域的参与者加入本地展会，从而提升交流质量，最终推动本地产业的发展（假设4）。在呈现本文的研究结果之前，接下来的部分，我们将首先讨论案例选择、访谈方法及样本情况。

3 案例与方法

基于本文的研究目标，我们需要选择一个有代表性和针对性的城市作为案例。首先，该城市应当具有一个某行业的专业展会。其次，这一行业在该城市应当具有较重要的地位，有较多的本地企业从事这一行业。最后，该专业展会和该城市的这一行业，都应当在中国处在较高的水平。而就城市类型来说，我们希望可以对 Bathelt 和 Zeng[9] 的中国案例进行补充，如可以选择一个沿海的、却总体上发达程度与上海存在一定差别的城市。

本文中，我们选择了东营的石油装备产业集群（临时性的与永久性的）作为案例。东营位于中国山东北部的黄河三角洲地区，是一个依托胜利油田发展起来的新兴工业城市。胜利油田是中国著名的油田，而胜利油田85%的产量集中在东营境内。随着胜利油田的大规模开发建设，对石油机械的需求十分强烈，东营也逐渐形成了实力较强的石油装备制造业产业集群。截至2013年，东营石油装备产业集群的总产值，约占中国石油装备制造业总产值的1/3。从2008年起，东营市政府开始举办每年一度的"中国（东营）国际石油石化装备与技术展览会"（简称东营展）。目前，东营展已成为中国石油装备产业第二大的展会，仅次于北京的"中国国际石油石化技术装备展览会"（简称北京展）。值得一提的是，北京展的承办和组织者均为北京振威展览有限公司，而从2013年开始，东营展也请来该公司作为自己展会的组织者。

本文设计采用定性方式（包括半结构化访谈和系统观察）来展开探索性研究。作者于2013年6月6～10日前往东营，对东营石油装备产业集群的代表性企业进行了访谈；并于 2013 年 9 月 17～19 日前往举办中的东营展场馆现场，进行资料补充与观察。

调研中总共对 17 家代表性企业进行了访谈，他们来自东营市下属的东营区、东营经济开发区、垦利县、河口区及利津县 5 个辖区，包含大型和小型、国有和民营等不同类型。不过，由于客观原因，在对其中一家企业进行访谈时，未能讨论临时性产业集群的相关内容，因此本研究的有效案例为 16 个。

访谈具体采用的是"座谈会"的形式，每家企业一般都派出了其总经理，以及技术部、市场部等关键部门的负责人参与讨论。访谈时间一般为 30～60 分钟，讨论内容包括企业发展和创新的各个方面，其中，直接与临时性产业集群相关的问题由三个部分组成。第一部分是询问是否参与东营展，如果参与则讨论其参与动机及东营展存在的问题；第二部分是询问是否参与其他地区的相关展会，如果参与则讨论其参与动机；第三部分是讨论东营展在本地举办，对企业有何特别优势。

通过一系列开放式的问题，本研究可以系统地记录本地企业参与展会的情况、参与动机及展会本地作用的现状与企业需求。所有谈话内容在调研后被转录为文字稿并进行整理。其中，关于企业参与东营展的目的分析，可以使我们得出关于假设 1 的结论，关于这部分的整理如表 1 所示。

表 1　东营企业参与展会目的分析

企业序号	是否参与东营展	参与动机			是否参与其他地区相关展会	参与动机		
		促进知识流动	构建关系平台	进行直接销售		促进知识流动	构建关系平台	进行直接销售
01								
02	√		√		√		√	
03	√		√		√		√	
04	√				√			
05	√		√		√	√		
06	√							
07	√	√			√		√	
08	√		√		√		√	
09					√	√	√	
10	√	√	√		√			
11	√				√		√	
12	√	√	√	√	√		√	√
13	√	√	√		√	√	√	

续表

企业序号	是否参与东营展	参与动机			是否参与其他地区相关展会	参与动机		
		促进知识流动	构建关系平台	进行直接销售		促进知识流动	构建关系平台	进行直接销售
14					√		√	
15					√			√
16	√		√		√		√	
总计	12	4	9	1	15	5	10	2
比例/%	75.00	33.33	75.00	8.33	93.75	33.33	66.67	13.33

资料来源：根据访谈结果整理

注：有些问题是针对本次参展商的，所以比例计算的分母为本次参展商总数

从表 1 的结果中我们发现，参与东营展的企业中，参展目的为"促进知识流动"的有 33.33%，为"构建关系平台"的有 75.00%，而参展目的为"进行直接销售"的只有 8.33%。根据本文之前的界定，可以认为假设 1 成立，即可以认为东营展符合临时性产业集群的三个特征。同时，从东营企业参与各种展会的总体目的来看，也从侧面印证了中国展会已经有了新的进展。在此基础上，我们将结合案例，对假设 2、假设 3、假设 4 进一步展开分析。

4 东营临时性产业集群的本地效应

4.1 参展便利及展位优势

尽管我们无意讨论本地办展在企业节约成本上的作用，但企业还是首先提到了这一优势。

"在我们这有优势啊，产品运过去，这么大块头，在东营的话成本就很低。"

——受访企业 SLBY，2013 年 6 月 7 日

不过我们需要注意，参与展会是一件复杂的事情，需要租借场地、展台设计、准备宣传材料、联系客户等准备工作，还涉及装修、人员等多种支出，运输成本只是所有开销的一部分而已。

当然，他们很快就提到了当地政府在鼓励本地企业参展上的努力。

"这个就是我们政府组织的，我们积极参与。"

——受访企业 SJSY，2013 年 6 月 7 日

"我们也每年参加东营本地的展会，政府特别重视引导。"

——受访企业 SDWLD，2013 年 6 月 8 日

而在展位安排上，我们同样发现东营本地企业显著地获得了优势。从参展企业的数量来看，有 31 家东营本地企业参加了东营展，占总体的 21.99%[①]。但是，从东营展的展位分布图可以发现，较大的展位大多都被东营本地企业所占据，其比例显著高于东营本地企业在数量上的比例。

总体来说，根据本文的案例，可以认为假设 2 成立。东营的本地企业在参与东营展时确实得到了地方政府的大力支持，而他们在展位上也显著地占据了更多的空间。

4.2 空间拓展效应

在访谈交流以及现场观察中，我们并未听说或是感受到东营展存在同期举办的论坛、晚会等活动。在东营展的宣传材料上提到，下一届展会将同期举办一些专业会议（有的是在 2014 年首次举办）。但总体来说，目前东营展的空间拓展效应并不像上文中的意大利米兰那样显著。

不过，有些现象还是值得注意的。许多企业都提到：

"到东营来参加展会，我直接让客户到我们公司来看一下，这个方便多了，如果到北京参加展会，客户不可能到你公司来吧。"

——受访企业 SLBY，2013 年 6 月 7 日

"在东营，我们可以马上把客户拉过来，我们有专车，工厂现场都可以交流，要是离得太远，就不大方便了。"

——受访企业 SXFF，2013 年 6 月 8 日

"展会上我们请油田专家来工厂看，可以现场与老板洽谈。"

——受访企业 DYWM，2013 年 6 月 8 日

因此，根据本文的案例，可以认为假设 3 成立。我们总体上认为，第一，展

---

① 该数据来源于《第六届中国（东营）国际石油装备与技术展览会会刊》。

会可能可以通过同期举办的论坛、晚会等活动进行空间拓展。第二，利用本地办展的优势，企业可以将已经建立初步信任的参展者带到企业的实际生产地，将交流活动从展会的场馆空间拓展到地处本市的企业生产空间；这样的交流可以进一步加强知识流动，也为今后建立更强关系打下了更好的基础。以上第一种可能，在本文的案例中目前还不显著；而第二种可能，在东营已经得到体现。

4.3 更好的交流质量

在假设 4 中我们提出，临时性产业集群可能借助本地永久性产业集群的影响力，吸引更多跨区域的参与者加入本地展会，从而提高交流质量并推动本地产业的发展。不过，在东营的案例中，并未体现出这种优势。许多企业都认为，城市自身影响力的不足，限制了展会的质量。

当我们探讨东营展的交流效果时，许多企业都对我们进行了这样的抱怨：

"效果不咋地，因为咱东营这边国外客商来的非常少。"

——受访企业 HXSY，2013 年 6 月 9 日

"东营展会现在只能是面向国内市场，本地展会层次不是特别高。"

——受访企业 SDWLD，2013 年 6 月 8 日

在讨论这个话题时，许多企业还提到了国内更有影响力的北京展。一家不愿意参与东营展的本地企业，就向我们提到：

"没有太大的意向（去参加东营展），它的效果不是很理想。去北京参加过，那个规模是比较大的。"

——受访企业 HRGG，2013 年 6 月 9 日

于是，我们把东营展与北京展的参展商信息进行整理，并通过一个简单的比较来说明两者的差距。关于国内外参展企业的数量和信息，考虑到组织者出于宣传需要，在公布的数据上存在一些夸大，我们以展位分布图上标出的实际参展企业为准。同时我们注意到，高水平的展会，往往不全取决于参展商数量上简单的扩大，而更在于其质量[19]。这里的高质量参展商，以中国石油和石油化工设备工业协会评选的"2011 年中国石油石化装备制造业行业五十强企业"名单为准。

此外，有来自 17 个国家的 75 家企业参与北京展，其中最多的是美国的 21 家和德国的 12 家；而参与东营展的国外企业总共只有 5 家，其中 4 家来自美国，

1 家来自德国。

因此，从东营的案例来看，假设 4 不能被支持。我们看到，更多高质量、更国际化的展商参与，是提升展会交流质量的关键。对于城市来说，仅仅拥有一个强大的本地永久性产业集群，在这方面不一定就有足够的吸引力。

5 结论

本文认为，展会的直接经济效益确实是本地化的，但作为临时性产业集群来说，知识流动所带来的效益，同样在本地发挥着特殊的重要作用。本文强调，尽管这种知识流动以往被视为是全球化的，但绝不意味着其在全球空间中的分布是同等的、均质的。正如本文案例所体现的，在举办地的城市空间里，包括其中众多的本地企业，都可以从临时性产业集群中受益更多。

第一，临时性产业集群所在城市的企业，拥有一定的本地优势。也就是说，在不同的地点举办，对于各个地方的影响是有区别的，这种优势的受益者和受益程度都是不同的。这里的优势不仅包括传统的交通运输成本的降低，也包括展会上可能拥有的更大、更好位置的展台，以及因此带来的更多交流机会。

第二，临时性产业集群可以进行空间拓展，从而扩大或加速知识流动的收益。临时性产业集群中的全球蜂鸣，不仅作用于展会的场馆空间，也可以扩散到整个城市空间。此外，本地企业可以利用地理邻近性的优势，将展会上建立初步信任的潜在合作者带到自己的厂房。这种交流空间的拓展可以产生更多、更有效的知识流动，进一步增强信任，从而加速全球通道的建立。

第三，较强大的永久性产业集群可以衍生出本地的临时性产业集群，但其知识交流效果和质量具有异质性。决定临时性产业集群交流效果的关键之一，在于高质量和国际化参展商的参与程度。当然，我们不能就此认为本文案例中那种情况的展会完全没有发展前途。正如上文中提到的，从 2013 年开始东营展请了北京展的固定组织者来承担自己的组织工作。一方面，可以利用该公司成熟的做法和丰富的经验提高组织水平；另一方面，该公司在北京展中积累的资源，也可能给他们带来更多高层次的参展商。

总之，虽然临时性产业集群的全球性作用十分重要，但其地方性也在发挥着作用。本文的研究已经体现了，这种作用可能会给本地企业和本地永久性产业集群的发展带来更多优势。

参考文献

［1］ Belussi F，Sedita S R，Omizzolo M．The trade fair as a temporary cluster：A relational platform and knowledge filter for firms［C］．4th International Conference of the Academy of Wine Business Research，Siena，17-19 July，2008．

［2］ Chesbrough H W. The era of open innovation［J］. MIT Sloan Management Review，2003，44（33）：35-41．

［3］ Dahl M S，Pedersen C Ø. Knowledge flows through informal contacts in industrial clusters：Myth or reality［J］. Research Policy，2004，33（10）：1673-1686．

［4］ Maskell P，Bathelt H，Malmberg A. Temporary Clusters and Knowledge Creation：The Effects of International Trade Fairs，Conventions and Other Professional Gatherings［R］. SPACES，2004–04．

［5］ 王方华，过聚荣．中国会展经济发展报告（2010）［M］.北京：社会科学文献出版社，2010．

［6］ Jin X. Weber K. The China import and export（canton）fair：Past，present，and future［J］. Journal of Convention & Event Tourism，2008，9：221-234．

［7］ Fu H，Yang G，Qi Y. Factors affecting trade show effectiveness for Chinese small and medium-sized exporters［J］. International Management Review，2007，3（3）：84-96．

［8］ Kay A L K. China's convention and exhibition center boom［J］. Journal of Convention & Event Tourism，2005，7：5-22．

［9］ Bathelt H，Zeng G. The development of trade fair ecologies in China：Case studies from Chengdu and Shanghai［J］. Environment and Planning A，2014，46（3）：511-530．

［10］ Liu L，Zeng G，Teng T W，et al. An analysis of enterprise network formation mechanism on the perspective of temporary cluster：A case study of Shanghai and Chengdu trade fairs［C］：2011 IEEE．

［11］ 李庆杨，李鸿冰．浅谈我国会展经济的发展及其作用［J］.经济师，2003，（5）：255-286．

［12］ Law C. Conference and exhibition tourism［J］. Built Environment，1987，13（2）：85-95．

［13］ Bradley A，Hall T，Harrison M. Selling cities：Promoting new images for meetings tourism［J］. Cities，2002，19（1）：61-70．

［14］ Oppermann M. Convention destination images：Analysis of association meeting planners' perceptions［J］. Tourism Management，1996，17（3）：175-182．

［15］ Bathelt H，Spigel B. The spatial economy of North American trade fairs［J］. The Canadian Geographer，2012，56（1）：18-38．

［16］ Boggs J S. The geographical sources of competitive advantage and specialization in the book trade of Frankfurt am Main and Berlin［D］. Los Angeles：University of California，2005．

[17] Rinallo D, Golfetto F. Exploring the knowledge strategies of temporary cluster organizers: A longitudinal study of the EU fabric industry trade shows (1986–2006) [J]. Economic Geography, 2011, 87 (4): 453-476.

[18] Power D, Jansson J. Cyclical clusters in global circuits: Overlapping spaces in furniture trade fairs [J]. Economic Geography, 2008, 84 (4): 423-448.

[19] Rosson P, Seringhaus F R. Visitor and exhibitor interaction at industrial trade fairs [J]. Journal of Business Research, 1995, 32: 81-90.

Local Impact of Temporary Cluster: A Case Study of Dongying

Zhu Yiwen[1, 2], Zeng Gang[1, 2], Liu Liang[3], Shan Shuang[4]

(1. The Center for Modern Chinese City Studies, East China Normal University, Shanghai 200062, China; 2. Institute for Urban Development, East China Normal University, Shanghai 200062, China; 3. Shanghai Pudong Smart-city Research Institute, Shanghai 200125, China; 4. Chinaindustria Corporation, Shanghai 200126, China)

Abstract   The role of the trade fairs on the upgrading of industrial innovation has been paid more and more attention, and is considered as "temporary clusters". Current research focuses on the impact of trade fairs on the global innovation network, but neglects its local impact in the city. Through the field investigation of local cluster and temporary cluster of Dongying petroleum equipment manufacturing industry, it is proved that trade fairs have influence on the knowledge ecology of local cluster. First, the enterprises in the city where the temporary cluster is located, have certain local advantages in attending the fairs. Second, temporary cluster can expand its spatial influence, to accelerate the income of knowledge flow. Third, temporary clusters can be derived by powerful local permanent industrial clusters, but their effect and quality of knowledge exchange are heterogeneous.

Keywords   clusters; temporary; local impact; trade fairs; Dongying

城市边缘区女性失地农民的社会支持
网络特征及影响因素——以芜湖市为例

李俊峰　储文娟　梁梦鸽

摘　要　城镇化快速发展下城市失地农民数量日益增多，他们如何融入城市成为政府关注的焦点。建立良好的社会支持网络是失地农民融入城市的重要途径之一。本文利用质性访谈和社会网络分析方法，从情感、物质和困难三个方面建构了女性失地农民的社会支持网络体系，探讨芜湖市在城市扩张过程中女性失地农民的社会支持网络特征及影响因素。研究发现：受女性自身的属性特征、传统思想观念、家庭角色的定位、征地安置方式等因素的影响，女性失地农民的情感、物质和困难支持网络的网络积小于同社区男性失地农民；女性失地农民的情感、物质和困难支持网络的网络态以初级为主，即以血缘关系为社会支持网络的主要关系构成；女性失地农民的情感、物质和困难支持网络在空间上均出现了明显的集中性，网络距小、异质性低。本文旨在对芜湖市女性失地农民社会支持网络的表现特征进行分析与探讨，以期能为失地农民更好地融入城市生活提供参考和借鉴。

关键词　女性失地农民；社会支持网络特征；影响因素；芜湖市

随着我国城市化进程加快，失地农民的数量增加，如何让失地农民融入城市生活一直是学术界和政府关注的热门话题之一。学术界对失地农民的研究成果较为丰富，一些学者尝试通过技能培训和再教育提高失地农民的就业质量[1-3]，部分学者构建指标体系探讨经济状况、社会保障、居住状况等因素对土地征收前后农户福利水平的影响[4, 5]。良好的就业状况和福利水平有利于失地农民对市民身

作者简介：李俊峰（1974—），男，安徽师范大学国土资源与旅游学院，博士、教授，研究方向为城市地理和城市规划。储文娟（1992—），女，安徽师范大学地理与旅游学院，硕士研究生，研究方向为城市地理和城市规划。梁梦鸽（1989—）女，安徽师范大学地理与旅游学院，硕士研究生，研究方向为城市地理和城市规划。
基金项目：教育部人文社会科学研究基金项目（12YJC840018）。

份的认同，增强城市生活的适宜性[6]。近年来学者开始从市民化、社会交往等人口学和社会学的视角来剖析失地农民的城市适应和融入的问题[7-9]。社会网络是一种相对稳定的社会体系，拥有向社会弱者提供无偿帮助的行为选择能力[10]。在物理生存空间的转变下失地农民原有的社会网络逐渐消失，城市生活中身份认同表现出滞后性和模糊性，融入城市生活过程艰难[11]。社会支持网络则是社会网络的一种，是个体能够利用其获得信息资源、物质资源、情感资源等工具性或情感性的社会支持关系[12]。目前国内学术界对于贫困群体个人社会支持网络的研究主要在三个方面，一是定量研究特殊贫困群体社会支持网络的特征，二是对社会支持网络对社会群体或个体的生活质量影响进行质性分析，三是对社会支持网络在反贫困方面的作用进行分析[13]。目前对失地农民的研究多为单一群体或单一地区研究，缺乏对比研究，且研究结论多将政府作为最核心的责任方，认为政府是否作为与如何作为对失地农民城市融合起到决定性的作用。本文将受访者及提供支持者的情况作为数据来源，通过社会网络积、态、距特征对社会网络的情感支持网络、物质支持网络和困难支持网络这三个网络维度进行具体的定量化描述，从而总结和分析芜湖市女性失地农民的社会网络特征，并对不同社区、同一社区不同性别的失地农民社会网络特征进行对比分析，为相关部门推动女性失地农民融入城市生活提供一定的科学依据。

1 研究对象与方法

1.1 研究区概况

芜湖市位于安徽省东南部，地处长江下游。截至 2015 年末，芜湖市共辖四区四县，总面积为 6042.6km^2，建成区面积为 249.59km^2，常住人口达 365.4 万人。我国城市化加速发展的背景下，芜湖市城市规模不断扩展，城市发展对土地需求逐渐增加，为保障城市建设用地，仍需征用大量农用地（图 1）。

2004～2015 年，芜湖市的城市建设用地整体处于上升趋势，12 年来共增加 62.09km^2；其中城市居住用地随着城市建设用地的增加而增加，12 年来共增加 34.7km^2（图 1）。根据芜湖市城区建设情况及研究需要，选择位于芜湖市弋江区的鲁港新镇及鸠江区的鸠兹家苑作为调研小区。鲁港新镇的四周高校云集（图 2），鸠兹家苑临近芜湖市鸠江区经济技术开发区（图 2）。

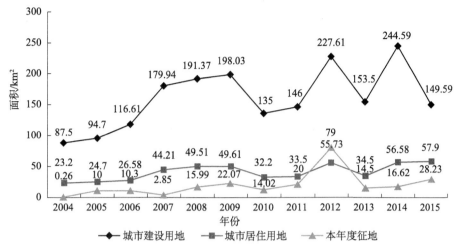

图 1　2004～2015 年芜湖市城市建设用地面积及征地面积

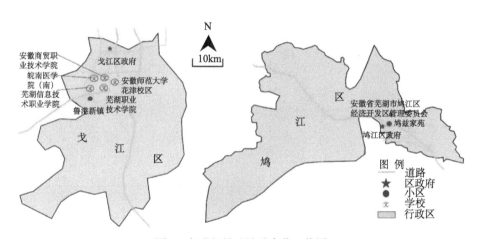

图 2　鲁港新镇及鸠兹家苑区位图

1.2　研究方法

根据研究的需要，2013 年 10 月调研组在选定的两个失地农民安置社区内各发放 200 份调查问卷。调研组共 10 人，分为 5 组，利用随机抽样的方式进行问卷调研。弋江区鲁港新镇社区共收回 183 份问卷，回收率为 91.5%；鸠江区鸠兹家苑社区共收回 194 份问卷，回收率为 97%。

1.3　研究对象

调研组调查了鲁港新镇的 183 位失地农民，其中 104 名为女性失地农民，占总体的 56.8%；年龄集中在 18～60 岁的人数占总体的 93.9%；有工作的失地农民达 119 人，占总体的 65.0%。可以看出，调查者多处于法定劳动年龄内，工作基本上以外出打工、本地工作为主，也有少数选择自主创业。本地工作的失地农民大多数选择在附近的高校园区就职，从事保安、保洁工作，月收入一般在 3000 元以下，占总体的 78.7%。

鸠兹家苑的调查对象为 194 位失地农民，其中女性失地农民 113 名，占总体的 58.2%；年龄集中在 18～60 岁的人数占总体的 86.0%；有工作的失地农民占总体的 59.8%。鸠兹家苑失地农民的年龄结构也是多集中在法定劳动年龄内，总体文化水平低。大部分的失地农民选择在附近的鸠江区经济技术开发区寻求工作机会，但受到文化水平的制约工作多是低附加值的岗位，月收入集中在 3000 元以下，占总体的 81.4%（表 1）。

表 1   鲁港新镇、鸠兹家苑调查对象人口学特征   （单位：%）

样本特征	定义或指标	比例	
		鲁港新镇	鸠兹家苑
性别	男	43.2	41.8
	女	56.8	58.2
年龄	18～30 岁	41	34.1
	30～50 岁	44.2	43.8
	50～60 岁	8.7	8.2
	60 岁以上	6.1	13.9
文化程度	初中及以下	60.1	61.9
	高中、高职及中专	23.5	24.2
	大专或本科	16.4	13.9
月收入	1000 元以下	42.1	47.4
	1000～3000 元	36.6	34.1
	3000～5000 元	16.4	10.8
	5000 元以上	4.9	7.7
有无工作	有	65	59.8
	无	35	40.2

2 芜湖市女性失地农民社会支持网络分析框架

社会支持一般可分为两部分，第一部分为客观可见的支持，包括物质支持、困难支持等，第二部分为主观体验的支持，即社会个体在社会生活中受尊重被体谅的情感支持等[14]。本文借鉴相关文献，将芜湖市女性失地农民个人社会支持网络划分为情感支持网络、物质支持网络及困难支持网络（图3）。其中，物质支持网络是指为芜湖市女性失地农民提供经济救援、物质支援的社会支持网络；情感支持网络是指芜湖市女性失地农民与之进行情感倾诉与交流并接受其提供的情感慰藉的社会支持网络；困难支持网络是指为芜湖市女性失地农民生活中遇到困难时向其寻求帮助的社会支持网络。社会支持网络积、态、距是社会支持网络特征的三个重要维度（图3）。其中，网络积是指芜湖市失地农民三种社会支持网络规模均值指数组成的面积大小；网络态是指芜湖市失地农民三种社会支持网络中受访者与提供支持者的关系类型的构成分布态势，用某种特定关系占所有关系的比例来表示；网络距是指芜湖市失地农民社会网络中提供支持者的属性分布状况，用空间分布特征来表示[15]。本文利用网络积、网络态和网络距来分析芜湖市女性失地农民物质、情感和困难支持网络特征。

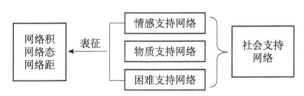

图 3　失地农民社会支持网络分析框架

3　芜湖市女性失地农民社会支持网络特征

3.1　芜湖市女性失地农民社会支持网络积特征

芜湖市女性失地农民社会支持网络积是由这个网络中情感、物质、困难支持网络三者规模指数组成的网络面积大小，用以测量网络的整体规模。规模可由芜湖市女性失地农民社会支持网络的支持者人数来表示。根据实际情况分析，将芜湖市女性失地农民社会支持网络个数划分为0人、1～3人、4～6人、7～9人、10～12人及12人以上。

对比男性和女性失地农民的数据可知，两社区女性失地农民的物质支持网络与男性失地农民的物质支持网络差距均大（表2）。这是由于两个社区的失地农民中男性失地农民的就业面都要比女性失地农民的就业面更广。鲁港新镇女性失地农民的情感支持网络同男性失地农民的差距小，说明社区周边的环境有利于女性失地农民情感支持网络的构建（图4）。鸠兹家苑女性失地农民的困难支持网络同男性失地农民的差距小，社区靠近经济技术开发区经济条件相对较好使得困难支持网络的构建相对均衡（图5）。分析鲁港新镇和鸠兹家苑两社区女性失地农民的数据，可以看出：鲁港新镇女性失地农民的情感支持网络规模均值指数大于鸠兹家苑。鲁港新镇地处弋江区中的高校园区，高素质人员密集，其包容性较强，女性失地农民接触的大多数人同为失地农民或者是高校师生，有利于其构建自己的情感倾诉渠道。鲁港新镇女性失地农民的物质支持网络和困难支持网络规模均值指数小于鸠兹家苑。鲁港新镇的女性失地农民就业选择基本为高校园区的保安、保洁或周边社区的保姆和家政，鸠兹家苑的女性失地农民的就业选择基本为个体户或经济开发区工人。这使得鸠兹家苑女性失地农民的经济状况优于鲁港新镇女性失地农民，其结交到经济状况较好的朋友的可能性和困难求助的概率大于鲁港新镇女性失地农民。

表2　芜湖市失地农民社会支持网络规模均值　　（单位：人）

社会支持网络	鲁港新镇		鸠兹家苑	
	男性	女性	男性	女性
情感支持网络	2.28	2.13	2.25	2.04
物质支持网络	2.41	2.05	2.33	2.11
困难支持网络	2.56	2.31	2.60	2.50

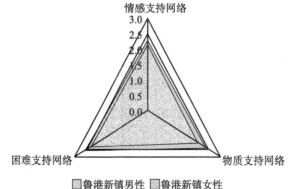

图4　鲁港新镇失地农民社会支持网络积特征

芜湖市失地农民物质、情感和困难支持网络的网络积整体偏小，鲁港新镇和鸠兹家苑女性失地农民的情感、物质和困难支持网络的网络积均要小于男性失地农民。安置地的环境影响两社区女性失地农民的困难支持网络要大于情感支持网络和物质支持网络。

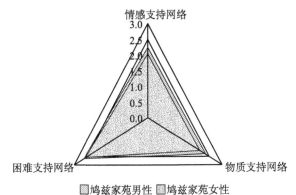

图 5　鸠兹家苑失地农民社会支持网络积特征

3.2　芜湖市女性失地农民社会支持网络态特征

社会支持网络态是指芜湖市失地农民情感、物质、困难支持网络中受访者与提供支持者的关系类型的构成分布态势。社会支持网络态的构成是指受访者的社会网络成员的关系类型的构成情况，用某种特点关系占所有关系的比例来表示。将社会网络成员的关系划分为"家人""亲戚""邻居""同事""朋友"五种关系。

芜湖市鲁港新镇和鸠兹家苑失地农民整体社会支持网络中的成员年纪集中在18～50 岁，文化程度集中在初中，户口分布较均匀。社会支持网络异质性较低，支持网络中的成员的性别、年龄、文化程度、家庭住址均与调研对象群体高度相似。对比男性和女性失地农民的网络态，发现家人和朋友在芜湖市男性和女性失地农民的情感、物质、困难支持网络中的网络成员关系比例中占比均大，男性受访者的社会网络成员关系比例最大的基本为朋友，女性受访者的社会网络成员关系比例最大的基本为家人（图 6）。原有邻里关系打破，邻居在男性和女性受访者的社会网络成员关系比例都较小。分析鲁港新镇和鸠兹家苑女性失地农民支持网络的成员构成，发现鲁港新镇女性失地农民情感支持网络中成员关系的构成是以家人为主、朋友次之，而鸠兹家苑女性失地农民情感支持网络中成员关系的构成是家人和朋友均占比大；两社区女性失地农民物质和困难支持网络中成员关系的构成均是家人为主、朋友次之，且亲戚关系的构成比例较其在情感支持网络的比例大。

调查的失地农民文化水平普遍不高，已婚人数多，女性失地农民生活的重心多为家庭。芜湖市女性失地农民物质、情感和困难支持网络的成员倾向于血缘关系，构成以家人、亲人等有血缘关系的成员为主；而男性失地农民则倾向于业缘

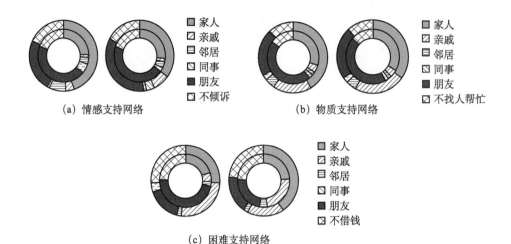

图6　鲁港新镇（左）和鸠兹家苑（右）男性（内圈）和女性（外圈）失地农民的情感支持网
络、物质支持网络、困难支持网络构成特征

关系。女性失地农民的情感支持网络的成员以家人、朋友为主，而物质和困难支持网络的成员构成除了家人、朋友是构成的主体，亲戚也是其主要构成部分。

3.3　芜湖市女性失地农民社会支持网络距特征

失地农民的社会支持网络距是指其社会支持网络中成员属性的分布情况。从男性和女性支持网络的空间分布可以看出，鲁港新镇和鸠兹家苑的女性失地农民的支持网络更加集中于本社区所在的市辖区内。对鲁港新镇和鸠兹家苑女性失地农民的物质、情感和困难支持网络进行空间分析，可以得出：鲁港新镇女性失地农民情感支持网络在空间上集中分布在鲁港新镇所在的弋江区，比例高达80.5%，其次为芜湖市外，所占比例为8.0%；鸠兹家苑的女性失地农民情感支持网络在空间上集中分布于鸠兹家苑社区所在的鸠江区，所占比例高达77.8%，其次为镜湖区，所占比例为8.9%。鲁港新镇女性失地农民物质支持网络在空间上集中分布在鲁港新镇所在的弋江区，所占比例高达75.6%，其次为芜湖市之外，所占比例为16.1%；鸠兹家苑的女性失地农民物质支持网络在空间上集中分布于鸠兹家苑社区所在的鸠江区，所占比例高达76.5%，其次为镜湖区，所占比例为10.6%。鲁港新镇女性失地农民困难支持网络在空间上集中分布在鲁港新镇所在的弋江区，所占比例高达78.4%，其次为芜湖市外，所占比例为10.3%；鸠兹家苑的女性失地农民困难支持网络在空间上集中分布于鸠兹家苑社区所在的鸠江区，所占比例高达77.7%，其次为镜湖区，所占比例为10.7%。

芜湖市失地农民的物质、情感和困难支持网络空间分布特征均表现为在与被访对象居住地所在的市辖区内高度集中,其他相邻的市辖区和芜湖市以外有少量分布。女性失地农民就业的辐射半径小于男性,社会交往活动主要集中于居住地及工作地周边,使得女性失地农民物质、情感和困难支持网络具有非常强的集中性,支持网络距小、异质性低。

4 芜湖市女性失地农民社会支持网络影响因素

4.1 属性特征的影响

女性失地农民倾向于寻找年龄相仿的人作为自己情感支持网的成员,认为年龄相仿的人生活经历相似,对生活和工作中很多事情所持的观点也一致,能够更好地进行情感的交流和沟通。已婚的女性失地农民更愿意选择年龄较大的人作为自己情感倾诉的对象,因为她们认为年龄较大的人生活经验更加丰富,更可能和自己一样正遭遇着生活和婚姻中的苦闷。鲁港新镇和鸠兹家苑女性失地农民中,年龄较大的女性失地农民选择的困难支持网络成员多为家人和同辈亲人,其家人和同辈亲人的年龄均与其相似且基本上为已婚状态;而年龄较小的女性失地农民在选择困难支持网络成员的时候多会选择同龄人,其婚姻状态也多为未婚。受教育背景和自身综合素质的影响,芜湖市女性失地农民自我定位有所不同,一般来说,受教育程度高的女性失地农民更少地将自己定位成非城市人,从而更愿意对外拓展自身的社交网络,将业缘关系纳入自身社会网络之中。

4.2 传统思想观念的束缚

芜湖市女性失地农民受传统思想观念束缚,认为"家丑不可外扬",她们觉得自己的情感挫折或生活困难如果被他人知晓,会影响自身在他人心中的印象,从而使自己在自己的生活圈内的地位降低。因此,她们不愿意将"外人"作为情感倾诉的第一选择。失地农民表示,他们一般只有逢年过节或遇到特殊事件,如亲人结婚、丧失等,才会与亲戚聚会,如果自身情感受挫,即使是"自己人",她们仍不愿向亲戚诉说自己的挫折情况,只愿报喜不报忧。另外,女性失地农民认为遇到困难或者需要物质帮助时只有家人和亲人才会愿意给自己帮忙,找其他人帮忙很别扭或向外人寻求物质支持"不合适"，不愿以"求人"的态度和日常生活中遇到的人交流。

4.3 家庭角色的定位的影响

鲁港新镇及鸠兹家苑的女性失地农民在其家庭中所扮演的角色基本为家务琐事的处理者和被管理者，且相对于男性失地农民，她们有更多的时间与家人相处，这种角色定位使得芜湖市女性失地农民在生活中所遇到的情感挫折大多数与家庭息息相关，此类情感问题更适合于同家人倾诉。生活中遇到困难和挫折时，女性失地农民认为自身没有解决问题的义务，她们倾向于依赖家人（尤其是丈夫）解决问题。

4.4 征地安置方式

鲁港新镇与鸠兹家苑的失地农民从原居住地迁移至新安置社区，并没有按照原居住地的相对邻里位置整体迁移，原本的左邻右舍格局完全被新居的安置所打乱，原本的邻里空间关系不复存在，而新的邻里关系还未建立，因此邻居这一因子在两社区女性失地农民情感支持网络中的比重较小。鲁港新镇的女性失地农民受其居住地环境的影响，选择的就业方式为高校园区清洁工、附近商业住宅社区保姆或自主经营小生意等，有更多的机会交流，构建情感支持网络。鸠兹家苑女性失地农民受其居住地环境的影响，选择的就业方式为在附件经济开发区工厂工作或自主经营小生意等，能接触到更多收入较高的同龄人，有助于物质和困难支持网络的构建。

5 结论

通过对芜湖市女性失地农民社会支持网络特征的分析，可以得出如下结论。

（1）芜湖市失地农民情感、物质和困难支持网络积总体偏小。由于女性的自身的属性特征、传统思想观念和家庭角色的定位等因素的影响，女性失地农民的情感、物质和困难支持网的网络积小于同社区男性失地农民。女性失地农民社会支持网络依赖度低，缺乏对外拓展自身社会支持网络的动机。另外，居住地环境也影响女性失地农民的情感、物质和困难支持网络规模均值指数的大小。

（2）芜湖市女性失地农民的社会情感、物质和困难支持网络的网络态以初级为主，即以血缘关系为社会支持网络的主要关系构成。女性失地的情感支持网络的成员以家人、朋友为主，而物质和困难支持网络的成员构成除了家人、朋友是构成的主体，亲戚也是主要构成部分。邻里的关系被弱化，安置区内新的邻里关系远不及失地农民以往的邻里关系。安置社区可以举办一些社区活动，创建社区居民交流的机会，增强女性失地农民的社区归属感和邻里关系。

（3）芜湖市女性失地农民的社会情感、物质和困难支持网的网络距小，异质性低。芜湖市女性失地农民的社会支持网络在空间上均出现了明显的集中性，集中在女性失地农民自身所在的社区附近。这是受到芜湖市女性失地农民社会支持网络的网络态和场域特征的共同限制，导致其没有在空间上向外拓展自身社会支持网络范围。

参考文献

［1］王晓刚，陈浩．失地农民就业质量的影响因素分析——以武汉市江夏区龚家铺村为例［J］．城市问题，2014，（1）：63-76.

［2］黄建伟．失地农民可持续生计问题研究综述［J］．中国土地科学，2011，25（6）：89-95.

［3］王轶，石丹淅．失地农民就业质量的演进——基于北京地区的跟踪调查数据［J］．经济经纬，2016，33（4）：32-37.

［4］丁琳琳，吴群，李永乐．土地征收中农户福利变化及其影响因素——基于江苏省不同地区的农户问卷调查［J］．经济地理，2016，36（12）：154-161.

［5］彭开丽，朱海莲．农地城市流转对不同年龄阶段失地农民的福利影响研究［J］．中国土地科学，2015，29（1）：71-78.

［6］何艳冰，黄晓军，杨新军．快速城市化背景下城市边缘区失地农民适应性研究——以西安市为例［J］．地理研究，2017，36（2）：226-240.

［7］陈美球，李志朋，刘桃菊．失地农民市民化现状剖析与对策探索：基于南昌市红谷滩新区沙井街道的调研［J］．中国土地科学，2013，27（11）：31-38.

［8］王彩芳．集中安置的失地农民社会交往与城市文化适应［J］．农业经济问题，2013，（1）：68-72.

［9］赵琴．居住空间分异及其对城郊失地农民城市融入的影响——基于贵州省凤冈县的调研数据［J］．农业经济问题，2015，（9）：71-78.

［10］陈成文．论社会支持的社会学意义［J］．湖南师范大学社会科学学报，2000，（6）：11-23.

［11］何艳冰，黄晓军，杨新军．快速城市化背景下城市边缘区失地农民适应性研究——以西

安市为例［J］.地理研究，2017，36（2）：226-240.

［12］张文宏.中国城市的阶层结构与社会网络［M］.上海：上海人民出版社，2006.

［13］王卓，曹丽.四川农村低保居民社会支持网研究［J］.社会科学研究，2013，（1）：108-113.

［14］周林刚.社会支持理论———一个文献的回顾［J］.广西师范学院学报（哲学社会科学版），2005，（3）：27-31.

［15］洪小良.城市贫困家庭的社会关系网络与社会支持［M］.北京：中国人民大学出版社，2008.

The Social Support Network Characteristics and Influencing Factors of Female Landless Peasants in Urban Fringe: A Case Study of Wuhu City

Li Junfeng，Chu Wenjuan，Liang Mengge

（College of Territorial Resources and Tourism，Anhui Normal University，Wuhu 241003，China）

Abstract　With the acceleration of urbanization in China，how to make the growing number of landless peasants integrate into urban life has become a hot issue. Setting a good social communication network is an important way for landless peasants urban integration. Based on qualitative interviews and social network analysis，which build a social support network system for female landless include emotion，material and difficulty，investigating the social support network characteristics of female landless peasants in Wuhu City .The result shows that the social support network of female landless peasants in Wuhu City is smaller than male landless peasants in the same community which influenced by the characteristics of women's own attributes，traditional ideas and the positioning of family roles. The type of social support network of female landless peasants in Wuhu City is dominated by primary network，which the main constituent relationship of social support network is blood relationship；The social support network of female landless peasants in Wuhu City is small and the heterogeneity is low. This paper aims to analyze and discuss the performance characteristic of the social support network of female landless peasants in Wuhu City, so as to provide some reference and consultation for a better integration of landless peasants into urban life.

Keywords female landless peasants; social network structure characteristics; influencing factors; Wuhu City

《中国城市研究》征稿启事

《中国城市研究》是由教育部人文社会科学重点研究基地华东师范大学中国现代城市研究中心与华东师范大学城市发展研究院联合主办的综合性城市研究学术集刊，是"中文社会科学引文索引（CSSCI）2012—2013"来源集刊，主要刊登城市经济、城市社会、城市地理、城市政治与管理、现代城市史等各个领域的论文和经验研究论文。为提高学术论文质量，特向海内外学术同仁征集稿件。

1.《中国城市研究》设"论文"、"综述"和"书评"三个栏目，"论文"栏目发表原创性的理论和经验研究论文，文章长度不限，欢迎 10 000 字以上的论文；"综述"栏目发表关于某一领域最新学术动态的综述性论文；"书评"栏目发表通俗、可读的城市研究新书的介绍和评论，"综述"和"书评"以 3000～5000 字为宜。

2. 来稿需添加论文封面：包括中英文文章标题、作者单位、通信作者的联系方式（地址、电话和 E-mail）及感谢语等，所有个人信息均不在正文中出现。论文正文请按如下顺序依次排列：①中文标题、中文摘要和中文关键词（3～5个）；②正文和附录；③参考文献（参考文献需要和正文一一对应，做到"凡引必列，不引不列"）；④英文标题、英文摘要、英文关键词和 JEL 分类号。

3. 来稿正文的一级标题采用编号"1、2、3……"，二级标题采用编号"1.1、1.2、1.3……"，三级标题采用编号"1.1.1、1.1.2、1.1.3……"，四级标题采用编号"①、②、③……"。来稿正文注释采用尾注形式，编号格式为：［1］［2］［3］……。

4. 参考文献统一排列在正文末尾，并按作者姓名的汉语拼音或英文名字的首位字母排列。英文文献在前，中文文献在后。具体参考文献格式详见期刊的样稿。

5. 来稿请投稿至《中国城市研究》编辑部邮箱 office@iud.ecnu.edu.cn，请勿一稿多投。文章在录用后需要根据《中国城市研究》的标准格式进行修正。稿件发表时，本刊将向作者提供两本样书，稿酬一次性付清。稿件如未被录用，恕不退稿。

我们常年向广大学者征集优秀文章，欢迎国内外学者或机构积极投稿。

《中国城市研究》编辑部

2018 年 9 月